FRANÇOIS BOURNAND

LA TERREUR

A PARIS

PRÉFACE PAR ARMAND SILVESTRE

DEUXIÈME ÉDITION

> La liberté consiste à pouvoir faire tout ce qui ne nuit pas à autrui.
> *Déclaration des droits de l'homme.*

> Il faut incendier les quatre coins de l'Europe, notre salut est là.
> BRISSOT

PARIS
NOUVELLE LIBRAIRIE PARISIENNE
ALBERT SAVINE, ÉDITEUR
12, Rue des Pyramides, 12

Tous droits réservés

LA TERREUR

A PARIS

EN VENTE A LA MÊME LIBRAIRIE

ENVOI FRANCO AU REÇU DU PRIX (TIMBRES OU MANDATS)

OUVRAGES DU MÊME AUTEUR

Le Clergé sous la troisième République (3ᵉ édition). 3 fr. 50
Précis d'Histoire de l'Art (médaille d'argent) . . . 1 fr. 50
Histoire des Beaux-Arts et des Arts appliqués a l'Industrie
   (avec planches, d'après les dessins de l'auteur) . . 10 fr. »
   (Ouvrage adopté par la Ville de Paris.)
Les Arts et les grands Artistes de la Renaissance Italienne
   (avec planches; ouvrage adopté par la Ville de Paris). 10 fr. »
Le Dessin, 2 vol. à . . . . 20 fr. »
Paris-Salon, 1880, 1 vol. . . . . Epuisé.
Paris-Salon, 1887, 2 vol. . . . . Epuisés.
Paris-Salon, 1888, 2 vol. . . . . Epuisés.
Catalogues des Expositions Internationales de Blanc et Noir,
   (1ʳᵉ et 2ᵉ années) . . . . 2 vol. à 3 fr. 50
Le Régiment des Sapeurs-Pompiers de Paris . . . . 6 fr. »
   (Ouvrage honoré d'une souscription du Conseil municipal de Paris.)
Le Blanc et Noir . . . . 2 vol. à 20 fr. »

Sous presse :

Les Sœurs des Hopitaux (Préface de Jacques de Biez). 3 fr. 50
La Tunisie.
Histoire de l'Art Chrétien. . . . .

EN PRÉPARATION

L'amour sous la Révolution . . . . 3 fr. 50
Pendant la Commune. . . . . 3 fr. 50

ÉVREUX, IMPRIMERIE DE CHARLES HÉRISSEY

FRANÇOIS BOURNAND

LA TERREUR

A PARIS

PRÉFACE PAR ARMAND SILVESTRE

> La liberté consiste à pouvoir faire tout ce qui ne nuit pas à autrui.
> *Déclaration des droits de l'homme.*
>
> Il faut incendier les quatre coins de l'Europe, notre salut est là.
> BRISSOT

PARIS
NOUVELLE LIBRAIRIE PARISIENNE
ALBERT SAVINE, ÉDITEUR
12, rue des Pyramides, 12

1891
Tous droits réservés

A LA MÉMOIRE

DE MON PÈRE

PRÉFACE

Il y a longtemps que celui-là m'eût étonné beaucoup qui m'eût dit que j'écrirais, un jour, un commentaire à un livre sur la Révolution, je ne suis pas, en effet, de ceux que cette époque attire et l'admiration que j'ai résolu de lui garder pour rester, en quelque sorte au moins, mon propre contemporain, ne s'est jamais bien trouvée de l'étudier de trop près. C'est une façon d'arche sacro-sainte dont je m'éloigne avec plus de respect que de sympathie.

Pour dire jusqu'au bout ma pensée, j'estime qu'on a fatigué de sa légende notre génération. Les écrivains qui veulent commencer à 1789 l'histoire de la civilisation française et ne font remonter l'institution de la morale qu'à la Déclaration des droits de l'homme m'inspirent quelque méfiance.

Il me semble que le siècle qui a produit Corneille

et Molière est aussi lointain de la barbarie originelle que celui à qui nous devons Beaumarchais et Marie-Joseph Chénier. Quant à ceux de nos hommes politiques qui, sous prétexte de continuer le grand œuvre s'intitulent Jacobins aujourd'hui, ils me font autant rire qu'un fantaisiste qui se proclamerait Manichéen ou Albigeois.

De tels torrents déchaînés sous les pas de géants n'ont nul besoin que des Musiridons les canalisent. Ils ont creusé, du coup, leur propre lit rude et profond. Ces draineurs de la vérité révolutionnaire en reconnaissent la grandeur plus même que ceux qui la repoussent.

Ma confession sera achevée quand j'aurai prévenu charitablement les auteurs de livres sur la Révolution, qui veulent bien me les envoyer, que leurs volumes sont enfouis inviolés, dans les coins les plus ténébreux de ma bibliothèque.

L'amitié vient de me faire faire une exception pour celui qui vient de paraître sous ce titre : *La Terreur à Paris*, et l'intérêt des choses que j'y ai trouvées me force à en conseiller la lecture même à ceux dont cet ordre de sujets ne fait pas ordinairement les délices.

Tout d'abord j'ai su gré à M. François Bournaud de ne pas faire une débauche de sensiblerie et d'indignation inutiles à propos d'événements jugés depuis longtemps. Si quelque chose a prouvé la grandeur réelle de la Révolution c'est qu'elle ait gardé, comme beaucoup de grands nobles esprits, son prestige en dépit de cette orgie sanguinaire, de cet amas de crimes monstrueux, et que sa tête soit demeurée dans les nues, avec ce fleuve de sang aux pieds. Comme Suétone l'a fait pour l'histoire des empereurs décadents, celle de la Terreur doit s'écrire avec une impartialité parfaite, non pas en juge mais en auteur de mémoires. L'effet n'en est que plus terrible et plus saisissant.

Sur deux points seulement de ce curieux volume, j'insisterai, cherchant ici des analogies entre les manies de ce temps et celles du nôtre, analogies procédant peut-être simplement d'un servile esprit d'imitation ; faisant ressortir là que, dans cette tempête effroyable, deux de nos qualités nationales, deux vertus vraiment françaises, semblaient comme s'aiguiser, s'exaspérer : le courage et l'esprit.

Nos édiles auraient grand tort de se croire des inventeurs, quand ils débaptisent toutes les rues de l'ancien Paris pour leur donner des noms nouveaux. Ce fut une des fureurs du temps dont M. François Bournand nous parle. On y mettait même plus de magnificence qu'aujourd'hui. Le faubourg Saint-Antoine s'appela quelque temps le faubourg de la Gloire, ce qui était joliment flatteur pour la menuiserie parisienne. Jamais on ne crut avec une naïveté plus imbécile à l'influence des vocables sur les choses qu'ils désignent.

La rue des Filles-Dieu, sans cesser d'être un repaire de prostituées, s'appela rue de la Vertu.

Que pouvait bien avoir fait la lune à ces gens d'imagination pour qu'ils la dépossédassent d'une voie dont elle reprit ensuite le patronage, mais qui fut quelque temps la rue du Labour! Et cette pauvre cour des Miracles! Elle obtint l'euphonique et brève désignation que voici : Cour de la Forge des Bonnes Nouvelles! *Caveant consules!* Nos conseillers municipaux ont beaucoup à faire pour trouver mieux. Peut-être cependant ont-ils trouvé plus bête en faisant particulièrement la chasse aux souvenirs. Espérer qu'on corrigera l'histoire en changeant les plaques indicatrices des carrefours est ce qu'on peut imaginer de plus grotesque dans la mauvaise foi.

Un autre chapitre bien curieux est celui qui est consacré à la presse pendant cette période.

Là encore il faut reconnaître que nous ne sommes que de vils imitateurs et que les violences de langage que nous voyons refleurir ne sont que des redites. Nous assistons à une remontée automnale de roses ordurières et rien de plus. On ne se traite pas plus mal aujourd'hui entre gens tenant la plume qu'en ce temps-là, mais les griefs qu'on se jetait à la tête n'étaient pas de même nature. Ils la faisaient tomber quelquefois, mais peut-être y posaient-ils moins de boue. On y parlait beaucoup plus de sang et moins d'argent. Sous un style également ignoble et indigne de la courtoisie nationale, le mobile était moins honteux peut-être, Marat ne se faisait pas payer. On rachetait moins aisément sa vie en ce temps-là, qu'aujourd'hui sa fortune. Instrument de meurtre et de proscription, vocabulaire injurieux par notre noble langue, la presse révolutionnaire échappait à cette infamie suprême d'être mercantile. C'est un galon que nous devions gagner.

Mais comme elle avait déjà le sentiment de cette puissance devant laquelle toutes les autres s'écroulent aujourd'hui. Pour l'éloquence insolente de son cri, je pardonne à Lamaric écrivant : « Avec des plumes, on a f..... à bas les plumets des aïeux; avec des plumes, on a balayé des boulets, encloué des canons; avec des plumes on a fait danser une gavotte à dame Bastille; avec des plumes on a ébranlé le trône des tyrans, remué le globe et piqué sur les peuples pour marcher à la liberté ! »

Il y a une vraie crânerie dans ces lignes-là. Elles me rappelent un joli mot de Jules Vallès que lui-même me conta à Bruxelles, au temps qu'il était encore proscrit. Traqué par les troupes de Versailles, après la Commune, traqué dans Paris encore fumant et ne sachant comment en sortir, il s'en fut demander asile à un confrère du journalisme. Celui-ci, Prud'homme intempestif, lui commença un chapitre de morale — Vous êtes un grand coupable, lui dit-il, et ne savez-vous pas qu'avec la plume aujourd'hui on fait plus de mal qu'avec la balle. — Alors, s'écria Vallès, faites-moi fusiller avec des plumes !

N'est-ce pas que le mot est un heureux commentaire à l'apostrophe enthousiaste de Lamaric.

En matière de têtes, d'ailleurs, Marat n'était pas moins insatiable que nombre de journalistes contemporains en matière d'écus. J'ai toujours adoré la mélancolie de cette lamentation du Père Duchesne : « Il y a une année que cinq ou six cents têtes nous auraient rendus libres et heureux pour toujours. Aujourd'hui, il en faudrait abattre dix mille. Dans quelques mois, peut-être cent mille... »

On ne parle pas plus douloureusement du rendement de la réclame et de l'équilibre du budget !

Ne irascimini. Arrivé à cette hauteur, le crime est au-dessus de l'indignation. Il entre dans le monde héroïque et devient un phénomène comme les cyclones contre lesquels ne peut rien la critique des petites gens. Leur excuse ne vaut pas davantage, et la rumeur même de l'étranger violant la frontière n'est pas une suffisante raison de massacrer des prisonniers.

J'aime mieux voir un enseignement dans ce monstrueux mystère. La vitalité de l'esprit français dans les plus rudes épreuves et l'immortalité de ce courage de race qui nous a toujours sauvés, sinon de la défaite, du moins de la honte. Cette chose admirable que la sagesse antique mettait si justement au-dessus de toutes les autres, — car elle est la sauvegarde de la dignité humaine et l'honneur suprême des vaincus — le mépris de la mort, fut une des grandes caractéristiques de cette époque et on le doit louer également chez les victimes et chez les bourreaux.

Tandis que les volontaires qu'on avait tort de railler dans les derniers salons aristocratiques — à la Conciergerie ou au Châtelet — se ruaient, sans pain, sans souliers, aussi haillonnés et loqueteux que le Drapeau lui-même qui les guidait, à la défense du territoire, on mourait aussi crânement sur l'échafaud que sous les balles, une chanson et le sourire aux lèvres aussi.

Tout les âges se rencontraient aussi bien sur les fatales charrettes que sur les champs de bataille. Sur celle-ci les femmes réconfortaient leurs compagnons de martyre. C'était une furie, une folie sublime, de courir partout à la mort avec la même sérénité joyeuse et pleine de défi. Les âmes s'étaient, pour ainsi parler, élevées plus haut que la Nature qui proteste et qui tremble. C'était comme une contagion d'intrépidité d'un camp à l'autre, vainqueurs ou vaincus, les ennemis se mesuraient encore à cette suprême épreuve, au seuil de l'obscure Eternité.

Un peuple où l'on sait mourir ainsi, est fait, malgré les convulsions qu'il traverse, pour de longues et viriles destinées.

Et la gaieté n'abdiquant jamais ses droits, le rire protestant contre la douleur même : la chanson du cygne à toutes les gorges que le couteau trancherait demain. Les refrains les plus joyeux appliqués aux plus lamentables romances.

Ecoutez plutôt ce couplet bien fait pour être gravé au seuil du siècle où nous vivons :

PRÉFACE XV

> Nos aïeux avec leur bon sens
> Étaient bien en arrière.
> Leurs neveux, à pas de géants
> Marchent dans la carrière.
> Plus d'honneur, de religion,
> La faridondaine, la faridondon ;
> L'intérêt règle tout ici
>   Biribi
> A la façon de biribi
>   Mon ami !

M. François Bournand a réuni beaucoup de chansons pareilles, dont plusieurs d'une verve gauloise et sentant bien le terroir. La voix populaire s'exerça rarement avec une exhubérance pareille. L'auteur de la *Terreur à Paris* connaissait-il ce quatrain :

> On aurait dû prendre le chêne
> Pour arbre de la Liberté.
> Ses glands auraient nourri sans peine
> Tout les c.... qui l'ont planté.

Un double courant d'héroïsme sous ces flonflons de la Muse légère, quelque chose comme un air de pipeau brodant sur les fanfares sonores de la *Marseillaise* et du *Chant du départ*. Des enfants tombent à la frontière en battant la charge. Dans les prisons des pères meurent heureux pour leurs fils et des femmes en sauvant leurs maris. Ce fut, à travers la boue et le sang, un admirable élan des âmes. La Révolution abattit implacablement ses ennemis, mais elle ne les déshonora pas dans la lâcheté. C'est en plein cœur que ceux-ci en reçurent les coups. C'est pour cela peut-être que quelques-uns de leurs fils lui pardonnent.

Un des plus intéressants chapitres du livre que je signale est celui ayant pour titre : *Les Salons de Paris*. Ils étaient alors au collège du Plessis ou à la Conciergerie. Chassée des hôtels somptueux, l'aristocratie continuait de tenir là ses assises, sans avoir rien perdu des hautaines allures de la race, admirable vraiment dans sa revendication sans défaillance des droits de la naissance et d'une instruction supérieure. Entre les appels des condamnés, sous l'œil du guichetier, dans le sordide asile où la proscription les avait conduits, ses fils vaincus, mais non humiliés, avaient reconstitué une société, fondé des clubs, organisé des soirées et des parties de jeux, reconstitué le monde où ils avaient vécu, comme les Troyens bannis avaient refait une Illion.

Sous le couteau de la guillotine, plus lourd que l'épée de Damoclès, ils chantaient, dansaient, étonnaient les tourmenteurs par leur absence de soucis. Au bourreau qui s'impatientait, ils répondaient : « On y va, canaille ! » C'est bien là un des mots les plus héroïques que je sache. Les jeunes gens adressaient aux belles dames des madrigaux. André Chénier seul écrivait des iambes. Il avait été du grand mouvement et plein des illusions généreuses de la première heure. Un secret remords était en lui d'avoir cru à tous ces scélérats. Mais ceux qui, par le sang, par la tradition, par leur fidélité native, étaient bien du monde dont on sapait les bases, la vraie noblesse qu'on décapitait avec cette fureur, ceux-là soupiraient des vilanelles, comme étourdis d'un coup si inattendu, se considérant comme la victime d'une folie et ne songeant même pas à demander une justice à des misérables dont ils se moquaient plus encore qu'ils ne les craignaient. Ils se croyaient les jouets inconscients d'une tragique aventure et en prenaient gaiement leur parti.

Oui, certes, tous ceux-là sont tombés avec la grandeur que comportaient tous les souvenirs augustes de la race et de la Patrie. Les femmes trouvaient tout naturel d'être confondues avec l'ennemi frappé, elles qui n'avaient d'armes que leur beauté et leur faiblesse. Elles revendiquaient leur part dans l'ineffaçable honte dont se couvrait la Révolution par un tel acte de barbarie. Elles étaient fières de voir leurs bourreaux tomber au-dessous des hordes sauvages qui épargnent les femmes. Et c'est le sentiment de vengeance dans l'avenir qui leur mettait ce beau sourire aux lèvres, ce sourire du triomphe mourant!

Ces touchantes figures de condamnées n'ont été qu'entrevues dans le tableau injustement célèbre de Muller. Il les faudrait voir dans un enlacement comme les poétiques visions du Dante, les mères et les amoureux, fantômes très blancs et très doux qu'un même souffle emporte vers l'abîme obscur des destinées.

Ecoutez Monjourdain qui chante sur la charrette:

> Quand au milieu de tout Paris,
> Par un ordre de la Patrie,
> On me roule à travers les ris
> D'une multitude étourdie,
> Qui croit que de la liberté
> Ma mort assure la conquête,
> Qu'est-ce autre chose en vérité,
> Que la foule qui perd la tête.

Les anecdotes abondent dans cette partie du livre, mais il est naturel que j'y renvoie le lecteur plutôt que les déflorer en les signalant. Je n'ai voulu que tracer les grandes lignes du volume et dans l'impression franche qu'il m'a laissée ce qui s'en dégage pour moi.

Dans ce court travail, j'ai constamment imposé silence à mes révoltes, pour ne voir, dans ce nouveau chapitre de l'histoire de *la Terreur* que l'afirmation de l'esprit et du courage français dans les jours les plus effroyables qu'il avait eu à traverser.

Et maintenant, mon cher Bournand, permettez-moi de retourner à mes chères études, lesquelles ne ressemblent en rien à celles de M. Thiers. Car je continue à m'intéresser infiniment plus aux héros d'Homère qu'à ceux de la Révolution française et, de toutes les républiques, la seule que j'aimerai vraiment est celle où l'on empoisonnerait quelquefois les philosophes avec de la ciguë, mais où l'*Art et la Beauté*, ces deux gloires de l'âme humaine, étaient constamment déifiés.

ARMAND SILVESTRE.

LA TERREUR A PARIS

I

LES MAITRES DE PARIS

La Terreur. — Par qui Paris était gouverné. — La névrose sanguinaire. — Marat. — La fête du Bourg-Régénéré. — Danton. — Saint-Just. — Desmoulins. — La guerre à l'Europe. — Couthon. — Les sensibleries des sanguinaires. — Les madrigaux de Robespierre. — Le lapin Fréron. — Bourdon de l'Oise. — La pitié de Grégoire. — Les bêtises. — Les folies amusantes. — Les boucles de Piorry. — La vanité de Louvet. — Romme le faux bonhomme. — Le doux Lasource. — Le prophète du faubourg Saint-Antoine. — Les pâtissiers liberticides. — Sottises révolutionnaires. — La citoyenne Reine Chappuy. — Les rois de pierre dénoncés. — Le sacré cœur de Marat. — L'inhumation des citoyens. — La haine de l'Histoire. — L'égalité selon Legros. — Monsieur et citoyen. — Mayer et Hondeyer. — Le peuple hait les Jacobins. — La peur règne sur Paris. — Une assemblée de lâches que dominent des brigands. — Aussi lâche que Merlin. — Qui tremble est coupable. — Les aveux du grand Carnot. — L'héroïsme des Girondins. — Les crapauds du Marais. — La persécution religieuse. — L'observateur Dutard. — La Fête-Dieu de 1793. — Il faut des marchés républicains. — Les francs-maçons. — Les ministres serviteurs de tout le monde. — C'est un patriote.

« *Athènes n'était plus qu'un vaste tombeau habité par la terreur et le silence; le geste, le coup d'œil, la pensée même devenaient funestes aux malheureux citoyens. On étudiait le front de la victime, et les scélérats y cherchaient la candeur et la vertu comme un juge tâche d'y découvrir le crime caché du coupable.* »

C'est ainsi que Xénophon esquissait le tableau de la capitale de l'Attique sous le règne des Trente Tyrans.

C'est ainsi qu'un historien de la fin du XVIIIe siècle aurait pu retracer le tableau de Paris sous le régime de la Terreur [1].

Egarés par une sensiblerie dégénérée en manie, par un prétendu culte de la raison qu'avaient mis à la mode Voltaire et Rousseau, les hommes de la Révolution trouvaient que l'ancienne France avait besoin d'un nouveau baptême [2], et, en aveugles, ils couraient à la perte de tout ce qui avait fait jadis la force et la gloire de la patrie.

La Révolution fut ainsi le produit d'une vaste névrose qui s'attaqua à tout un peuple, détraquant les uns, paralysant les autres, amenant un régime de sang et d'anarchie.

Alors, et du jour où, devant l'autorité impassible,

---

[1] « La *Terreur*, dit M. de Lescure, c'est la révolution à découvert, en action, sans phrases, sans illusions, sans mensonges, dans la nudité cynique et féroce de l'ilote populaire passant de l'ivresse du droit de tout dire à celle du droit de tout faire, de l'ivresse du vin à celle du sang.

[2] Bailleul disait de Robespierre : « Il se croyait un être privilégié, mis au monde pour en devenir le régénérateur et l'instituteur. » (*Mémoires de Carnot*, t. I, p. 516.)

on fit en plein Paris le sac, qui dura plusieurs heures, de la maison Reverchon jusqu'en plein Directoire, on ne vit que vols, pillages, assassinats, massacres, infamies, lâchetés.

Talleyrand disait que ceux qui n'avaient pas vécu vers le milieu et la fin du règne de Louis XVI n'avaient pas connu le *charme de vivre*. Effectivement, la vie devait sembler douce et bonne à ceux qui, comme Talleyrand, avaient échappé à la mort et le passé si lointain leur paraissait un rêve idéal. On trouve chez bien des contemporains l'écho de ce sentiment.

Ecoutez ce qu'écrivait un honnête bourgeois qui, en 1789, « avait applaudi au mouvement de réformes qui s'annonçait comme la radieuse aurore d'un jour nouveau ! » mais que l'orage laissait découragé :

« Ma vie est un roman, mon existence un mystère. Presque toute ma famille a reçu les honneurs du martyre... Pour moi, incarcéré, évadé, émigré, repris, délivré, je n'ai pas été jugé digne de partager leur sort. Je me suis vu plusieurs fois aux portes du tombeau ; j'ai été tiré à bout portant ; trois fois j'ai lutté contre un peuple en fureur... J'ai reçu le viatique lorsque j'ai vu qu'on allait me fusiller... Une autre fois, j'ai regardé les apprêts de la guillotine pour me disposer au dernier moment[1]. »

---

[1] *Vieux papiers et vieux souvenirs*, par M. Thellier de Poncheville, député.

Mais aux jours de ces tribulations, quand le vieux monde se détraquait, quand toutes choses bouleversées par la Révolution se trouvaient sens dessus dessous, ces hommes qui ont noté plus tard leurs sensations des heures d'épreuves disparaissaient dans le tourbillon; leur faiblesse laissait échapper de leurs mains défaillantes un pouvoir qu'ils ne savaient ni conserver ni abandonner. A ceux qui osaient une résistance, la force brutale l'arrachait bien vite et ils durent trembler sinon de peur, au moins de froid sur l'échafaud où les poussait la main des Jacobins[1]. Ainsi les gouvernants étaient devenus les gouvernés et les gouvernés les gouvernants. Les nouveaux maîtres de Paris étaient des inconnus de la veille, des fils de leurs œuvres et du hasard.

Que valent ces hommes?

Où sont-ils, les héros de la Terreur qu'on peut opposer à Bayard, à Duguesclin, à saint Louis, à Jeanne d'Arc, à Jeanne Hachette?

Est-ce Marat, ce purulent personnage?

Est-ce Danton, ce cuistre enflé de vanité, comme

---

[1] Le 6 mars 1793, *la Feuille du matin* écrivait :

« Une personne qui s'est amusée à décomposer le mot *Jacobin* y a trouvé deux mots, dont l'un est *Caïn*, l'autre *Job*. »

Et deux jours plus tard elle donnait un rébus qu'elle expliquait ainsi en parlant de la France :

« Etat divisé ; citoyens barbares ; France sans écus ; peuple souffrant ; justice à bas ; religion de côté ; gloire effacée ; trône renversé ; feu aux quatre coins de la France. »

la grenouille qui veut se faire aussi grosse que le bœuf?

Est-ce Robespierre, ce philosophe imbécile qui parlait d'humanité en multipliant les échafauds et que la bêtise des badauds vante d'avoir, gorgé de sang, proposé l'abolition de la peine de mort?

Est-ce Fouquier-Tinville, ce monstre qui eût pu dignement serrer la main à Néron?

Ce ne sont pas là des héros, ce sont des assassins.

Leur prétendue politique, c'est la politique jacobine, qui a traversé deux phases : celle de la plate adulation et celle de l'oppression bestiale. Dans la première, on a léché les pieds du peuple ; dans la seconde, on l'a écrasé sous le talon de sa botte.

Après lui avoir crié :

> Fais entendre ta voix superbe et souveraine,

On lui a dit d'un ton suppliant :

> Ne parle pas, Peuple, je t'en supplie.

Et comme le peuple a voulu parler quand même, on l'a bâillonné en le terrorisant.

A quelques-uns ils mènent non seulement Paris, mais la France entière.

« *Tous les départements*, y compris celui de Paris, dit Moore[1], sont en réalité obligés de se soumettre souvent à

---

[1] 13 novembre 1792.

la tyrannie criarde d'une *bande de coquins soldés qui, dans les tribunes, usurpent le nom et les fonctions du peuple souverain, et qui, dirigés secrètement par un petit nombre de démagogues, gouvernent cette malheureuse nation.* »

Il avait déjà dit auparavant :

« *Par la pression de l'émeute, Paris fait la loi à la Convention et à toute la France*..... Il est évident que quoique tous les départements de la France aient en théorie une part égale dans le gouvernement, pourtant, en fait, le département de Paris s'est approprié à lui seul tout le pouvoir du gouvernement[1]. »

On protestait parfois.

Le 11 octobre 1792, vers le même moment par conséquent que Moore notait ses observations, le citoyen Lanchon écrivait au président de la Convention nationale :

De sa pleine autorité, la section de 1792 a arrêté, le 5 de ce mois, que les personnes en état de domesticité pourraient voter dans nos assemblées primaires..... *Il serait bon que la Convention nationale trouvât moyen de persuader aux habitants de Paris qu'eux seuls ne composent pas la République entière.* Cette idée, quoique absurde, ne laisse pas de se réaliser tous les jours[2].

Mais, malgré ces résistances et ces protestations, une poignée de canailles, un ramassis de quelques

[1] 20 octobre 1792.
[2] Schmidt. *Tableaux de la Révolution Française.*

milliers de gredins gouverne le pays entier parce qu'il a en mains une grande ville comme Paris.

« Trois mille ouvriers, dira le girondin Soulavie, ont fait la révolution du 10 août, contre le royaume des Feuillants, contre l'Assemblée législative et la majorité de la capitale [1]. »

Un pur de l'époque, Palloy, le patriote, s'écrie :

« C'est la crapule et la canaille de Paris, et je me fais gloire d'être de cette classe, qui a vaincu les soi-disant honnêtes gens [2]. »

Palloy est un des innombrables fous de l'époque. Sous l'influence des nerfs surexcités, les cerveaux s'enflamment, ils se congestionnent et les images sanglantes en sortent. Les idées d'abord raisonnées, sinon raisonnables, presque comme au commencement de certaines folies, deviennent atroces et incohérentes. On voit rouge :

« Hier, écrit le président de la section des Tuileries, au même moment et dans divers points de Paris, au Marais, rue du Bac, à l'église Saint-Eustache, au palais de la Révolution, sur la terrasse des Feuillants, des scélérats prêchaient le pillage et l'assassinat [3]. »

Quand les députés sortent de séance, des hommes crient : « Il faut écharper ces 'gueux-là !... »

[1] Soulavie. *Vie privée du maréchal duc de Richelieu*, t. IX.
[2] Mortimer-Ternaux. *Histoire de la Terreur*.
[3] *Moniteur*, XIV, p. 362, 1er novembre 1792.

La folie homicide, la soif du sang atteignent jusqu'à des têtes intelligentes.

Un jour, la Harpe, dans sa chaire, eut un accès de frénésie homicide. Qu'on juge de la stupéfaction de ses élèves quand ils virent leur professeur, coiffé d'un bonnet rouge, se dressant sur ses petits pieds, raidissant ses petits bras, les yeux étincelants d'une sainte indignation, se mettre à déclamer :

> Soldats ! avancez et serrez !
> Que la baïonnette homicide,
> Au-devant de vos rangs, étincelante, avide,
> Heurte les bataillons par le fer déchirés.
> Le fer, le fer, amis ! il presse le courage,
> C'est l'arme des Français, c'est l'arme du courage,
> L'arme de la victoire et l'arbitre du sort.
> Le fer, il boit le sang, le sang nourrit la rage,
> Et la rage donne la mort !

La Harpe subissait évidemment une atteinte de la névrose qui s'étendait à tout Paris.

N'avait-on pas vu en juillet 1790, des saltimbanques, se riant, en pleine foire Saint-Germain, des victimes de la journée du 14, mettre un cœur sanglant au bout d'une pique et chanter :

> Non, il n'est point de fête,
> Quand le cœur n'en est pas.

A la suite de la fête de l'Être suprême, la crise alla gagnant de proche en proche les personnages les plus considérables. C'est alors que Couthon, appuyé par Robespierre, trouve que le tribunal révolutionnaire ne fonctionne pas assez vite : il propose la loi du 22 prairial (10 mai 1794). Et dès lors, en exploitant l'excitation fiévreuse des esprits, on en arrive à augmenter le nombre des délits ; on est non seulement suspect par sa parole mais encore par son silence. On est suspect d'être suspect. Plus que des simulacres d'enquêtes, d'interrogatoires et de débats : « Le tirage des jurés n'est plus qu'un triage [1]. » On signe les jugements en blanc. Les minutes conservées [2] portent des ratures et des additions non approuvées. Le bourreau coupe des têtes non portées sur sa liste. Ça lui est bien égal et ça l'amuse. La place Louis XV devient un grand abattoir où le sang le plus illustre et le sang le plus populaire confondus coulent à flots.

Ce ne sont partout que justiciers sanglants qui se figurent apercevoir de tous côtés des suspects, des aristocrates. Pénétrez dans un asile d'aliénés, vous voyez de pauvres malheureux qui n'aperçoivent autour d'eux qu'assassins, espions, empoisonneurs. La même chose se passe à Paris. Jusqu'aux chiens d'aristocrates qui eux-mêmes deviennent suspects. En octobre 1792, Roland écrit : « Je n'entends parler que de conspirations, de projets de meurtre. »

[1] Wallon. *La Terreur.*
[2] Voir aux Archives.

Le plus fou des plus fous, c'était Marat, qui portait sur sa figure et sur toute sa personne les signes d'une dégénérescence des plus marquées. Comme un grand nombre de maniaques [1], il était d'une saleté repoussante. Mme Roland [2] nous donne en ces termes la relation de la visite d'une dame chez Marat :

« Elle se fait annoncer chez lui : on lui dit qu'il n'y est pas; *mais il entend la voix d'une femme et se présente lui-même.* Il avait aux jambes des bottes sans bas, portait une vieille culotte de peau, une veste de taffetas blanc, sa chemise crasseuse et ouverte laissait voir une poitrine jaunissante; des ongles longs et sales se dessinaient au bout de ses doigts [3], et son affreuse

---

[1] Voyez et consultez les livres et les articles des aliénistes, Voisin, Falret, Charcot, Paul Richer.

[2] Les *Mémoires de Mme Roland*, écrits pendant sa captivité, qui dura du 1er juin 1793 au 23 du même mois, puis du 24 juin au 9 novembre, furent confiés au naturaliste Bosc qui les cacha dans la forêt de Montmorency, où ils restèrent pendant la Terreur pour être publiés en 1795. après la chute de Robespierre.

[3] Quand, le 24 avril 1793, Marat fut acquitté par le tribunal révolutionnaire et porté en triomphe à la Convention, le *Mercure Français* proposa à ses lecteurs la charade qui suit :

> « Mon premier est un animal
> Dont tu seras la nourriture.
> Mon second un autre animal
> Qui trouve partout sa pâture.
> Mon tout encore un animal
> Dont la grande progéniture
> Pour bien des gens est un régal. »

Le mot de cette charade est *Verrat*.

figure accompagnait parfaitement ce costume bizarre [1].

Il prend la main de la dame, la conduit dans un salon très frais, meublé en damas bleu et blanc, décoré de rideaux de soie élégamment relevés en draperies, d'un lustre brillant et de superbes vases de porcelaine remplis

[1] Cette laideur n'a pas empêché Dorat-Cubières, celui-là même qui avait célébré le

Temps heureux où régnaient Louis et la Pompadour !

de se déclarer l'admirateur de la beauté de Marat :

Quel feu dans ses regards ! Quelle héroïque audace !
Quel mélange étonnant d'énergie et de grâce !

Et l'encenseur de Marat disait encore :

Vous l'appelez cruel... Ah ! modérés perfides !
Vous seuls fûtes de sang et de carnage avides,
Vous seuls fûtes cruels, quand, feignant la douceur,
Pour enfoncer le fer avec plus de noirceur,
Vous avez d'un Buzot accepté les maximes,
Et du tyran français pardonné tous les crimes.

Ce tyran, dont il demandait à cors et à cris la tête, c'était, on l'a compris, Louis XVI. C'est que Cubières, l'ex-amant de la belle comtesse Fanny de Beauharnais, l'ex-écuyer de la comtesse d'Artois, avait beaucoup à se faire pardonner. Aussi ne s'épargne-t-il nulle vilaine besogne. Pour lui, Marie-Antoinette est un monstre dont

la fureur
Médite des complots dignes d'une Euménide.

Secrétaire de la Commune, il signe au nom de la liberté l'ordre d'arrestation de Mme Roland, qui le cloue en ces termes au pilori de ses *Mémoires :* « Plat courtisan, faux complimenteur, sottement avantageux et bassement poli, il étonne le bon sens et déplaît à la raison, plus qu'aucun être que j'aie jamais rencontré... » — « Cubières, écrit-elle encore, prêche le sans-culottisme comme il chantait les Grâces, fait des vers à Marat comme il en faisait à Iris, et, sanguinaire sans fureur comme il fut apparemment amoureux sans tendresse, il se prosterne humblement devant l'idole de fleurs naturelles, alors rares et d'un haut prix : il s'assied à côté d'elle sur une ottomane voluptueuse... »

. . . .

Son grand amour du peuple, de la patrie et de la liberté, ne l'empêchait pas, tout comme un opportuniste de 1890, d'adorer l'argent et de faire payer ses services :

« Dernièrement, un Hollandais va chercher un passeport à la Commune de Paris pour retourner dans son pays ; on le refuse : le Hollandais ne se plaint point ; mais, en homme qui juge le vent, il tire son portefeuille, met sur le bureau un assignat de cent écus : il est entendu et reçoit son passeport. »

Le Hollandais de Mme Roland connaissait bien le désintéressement des sans-culottes[1].

---

du jour, fût-ce Tantale ou Vénus ! » Le malin Rivarol l'avait exécuté dans une charade :

Avant qu'en mon dernier le tout se laisse choir
Ses vers à mon premier serviront de mouchoir.

Naturellement, au retour des Bourbons, cet aimable royaliste qui avait, lors des massacres de l'Abbaye, signé des bons de vin « pour les frères d'armes », s'aperçut que ses sentiments n'avaient jamais varié. Il osa écrire : « La vérité est que je n'ai jamais été républicain. J'ai bien, sous la Terreur, composé quelques écrits qui semblaient dire le contraire ; mais ces écrits étaient dictés par la terreur même... J'ai pu avoir peur de la mort. » Cubières plaidait sa lâcheté.

[1] *Mémoires de Mme Roland*. « Ici (à Sainte-Pélagie), j'entends citer Marat, chez qui les papiers publics annoncent qu'on a trouvé à sa mort un seul assignat de vingt-cinq sous : quelle édifiante pauvreté ! » Remplacez le nom de Marat par un autre, le cliché est aujourd'hui resté le même.

Marat, qui avait un faible pour le poignard, l'arme des femmes[1], mourut d'un coup de poignard donné par une femme.

On sait à quelles orgies d'oraisons funèbres et de fêtes funéraires, on se livra sur son tombeau[2]. La province eut à cœur d'imiter Paris. A Bourg-régénéré (Bourg dans l'Ain) le 20 brumaire an II de la *République une, indivisible et démocratique* » (c'est le texte même du procès-verbal), on célébra ainsi une fête en l'honneur de Marat sous le patronage de la Société des sans-culottes. Un notable, le citoyen C... (quel dommage que les registres de

---

[1] Il avait fait fabriquer un millier de poignards par son ami l'armurier Gémard, député girondin. Ces poignards étaient destinés aux femmes qui venaient à la Convention, aux clubistes femelles, aux poissardes de la Halle.

[2] Le *Fureteur* a publié, d'après un mémoire retrouvé dans les archives, la liste des frais occasionnés par les obsèques de la victime de Charlotte Corday. Voici le relevé de ces *Mémoires relatifs aux frais qu'ont occasionnés les funérailles de Marat*, tels qu'on les trouve dans une lettre adressée en vendémiaire, an II, par le maire de Paris au ministre de l'intérieur Paré :

Paris, le 30 août 1793, l'an II de la République.

NOMS DES ENTREPRENEURS ET FOURNISSEURS

	LIV.	S.	D.
Martin, sculpteur. Pour la construction du tombeau.	2.400	»	»
Blin, plombier. Pour la fourniture du cercueil...	315	»	»
Moginot, maçon. Pour la fouille de la fosse et la construction des murs du pourtour	108	12	»
Legrand, treillageur. Pour le treillage en quatre sens.	226	»	»
Haret, maçon. Pour transport de matériaux et autres objets.	58	»	8
A *reporter*. . . .	3,107	12	8

la Commune ne nous aient pas donné son nom en entier), fit chanter les couplets suivants :

> Amis, c'est sur cette place [1]
> Que Marat fut à vos yeux
> Insulté avec audace,
> Brûlé par des factieux ;
> D'un aussi sanglant outrage,
> C'est à nous à le venger ;
> En imitant son courage,
> Nous braverons ce danger.
> Dumouriez et Lafayette,

	LIV.	S.	D.
Report.	3.107	12	8
Gesse, menuisier. Pour objets relatifs à l'illumination	100	»	»
Doissy, tapissier. Pour tenture	108	»	»
D'Herbelot, architecte. Pour menues dépenses faites par lui.	65	15	»
Pitron. Pour fourniture de vinaigre	30	16	»
Berger. Pour journées	13		
Dubocq. Pour fourniture de vin.	11	9	»
Thiesselin. Pour fourniture de son	12		
Mellier, épicier	6	10	»
Robert, marchand de vin	7	10	»
Maille. Pour fourniture de vinaigre . . . . : .	4	15	»
— Pour journées et nuits	42		
— Pour —	12		
— Pour houppe et pommade	2		
— Pour journées et boissons	12	10	»
— Pour fourniture de satin turc.	35		
Lolier, épicier. Pour fourniture de flambeaux, lampions et rats de cave, modéré d'après les informations prises chez plusieurs épiciers à la somme de.	1.904	16	»
Danaux. Pour différentes dépenses acquittées par lui	46	12	»
Total dû aux entrepreneurs et fournisseurs.	5.548	28	

[1] La place Jemmapes.

Brissot, Custine et consorts
Conspiraient tous en cachette,
Au dedans comme au dehors,
Pour perdre la République,
Rétablir la Royauté.
Marat dénonça la clique
Et sauva la liberté.

Par un monstre sanguinaire
Marat fut assassiné ;
Qui sont ceux qui l'ont fait faire ?
Nous l'avons tous deviné :
Ce sont les fédéralistes,
Les ennemis de l'État,
Les insolents royalistes,
Qu'avait démasqués Marat.

Pour honorer sa mémoire,
Nous voici tous réunis ;
Cette fête est à sa gloire,
Sans-culottes, mes amis.
Ornons son front de guirlandes,
Marquons-lui notre retour.
Que pour Marat nos offrandes
Soient nos cœurs et notre amour.

Il y avait à la fête, cent douze jeunes filles, la tête couverte de guirlandes de chêne. Bien entendu, « le cortège s'est rendu ensuite à l'église, où les tables étaient dressées et chaque patriote avait porté son dîner..[1] ».

---

[1] Le théâtre même célébra la mort de Marat. Le 17 décembre 1793, l'Opéra-Comique national représenta une pièce en deux actes du citoyen Mathelin, intitulée : *Marat dans le souterrain des Cordeliers, ou la journée du 10 août*. Dans le préambule que Mathelin mit en tête de sa pièce, il s'attendrit sur le sort de ce

Tout indique que Danton était un maniaque atteint de la manie des grandeurs : ses discours, ses gestes emphatiques, sa démarche, son port de tête. C'était un ambitieux, un raté, et la Révolution l'avait trouvé à point pour en faire un de ses chefs. Danton lui-même disait un jour, en 1793, à un de ses anciens confrères, avocat au conseil [1] :

« L'ancien régime a fait une grande faute. J'ai été élevé par lui dans une des bourses du collège du Plessis. J'y ait été élevé avec de grands seigneurs, qui étaient mes camarades et qui vivaient avec moi dans la familiarité. Mes études finies, *je n'avais rien, j'étais dans la misère*, je cherchais un établissement. Le barreau de Paris était inabordable, et il fallait des efforts pour y être reçu. Je ne pouvais entrer dans le militaire, sans naissance ni protection. L'Eglise ne m'offrait aucune ressource. Je ne pouvais acheter une charge, n'ayant pas le sou. Mes anciens camarades me tournaient le dos. Je restai sans état, et ce ne fut qu'après de longues années que je parvins à acheter une charge d'avocat aux conseils du roi.

pauvre Marat et paye à sa chère mémoire un tribut sentimental : « Je n'ose, dit-il, entreprendre de jeter aussi des fleurs sur sa tombe ; et je m'estimerai trop heureux si le faible hommage que je rends à Marat peut être de quelque utilité à mes concitoyens, en leur faisant aimer la vertu et abhorrer le crime. »

[1] Mallet-Dupan, II. On sait que Danton s'était fait acheter par la cour pour 300,000 livres. Aux massacres de Septembre, il faisait assassiner MM. Vossart, de Brienne, agents du traité par lequel il s'était mis à la solde de la liste civile. En Belgique, il avait reçu 4 millions pour soulever ce pays ; on l'accusa d'avoir mis une partie de cet argent dans sa poche ; la chose n'avait rien d'étonnant, car son luxe fut grand, en effet, à son retour à Paris.

La révolution est arrivée ; *moi et tous ceux qui me ressemblaient, nous nous y sommes jetés.* »

« L'ancien régime nous y a forcés en nous faisant bien élever, sans ouvrir aucun débouché à nos talents. »

Danton disait cyniquement :

« C'est dans Paris qu'il faut se maintenir par tous les moyens. Les républicains sont une minorité infime, et, pour combattre, nous ne pouvons compter que sur eux ; le reste de la France est attaché à la royauté. Il faut faire peur aux royalistes [1]. »

Dans l'intimité, Danton avait un langage encore plus cru ; il disait, en parlant de son parti :

« Nous sommes de la canaille, nous sortons du ruisseau et nous pourrions y être bientôt replongés [2], nous ne pouvons gouverner qu'en faisant peur. »

Or, pour faire peur, on prépare les éléments « d'une rivière de sang », le mot est de Danton, et c'est ainsi que furent tramés les massacres de Septembre ?

« Cette horrible catastrophe, annoncée d'abord par Tallien et ensuite par Danton dans les discours qu'ils prononcèrent à l'Assemblée, ne fut point

---

[1] Robinet. *Procès des Dantonistes*, 39, 45 (paroles de Danton dans le comité de défense générale).

[2] Philippe de Ségur, *Mémoires*, 1, 12 ; conversation de son père avec Danton.

l'effet imprévu d'un mouvement populaire ou d'une insurrection spontanée des brigands ; elle fut le résultat d'un plan définitivement arrêté plusieurs jours auparavant. Le fossoyeur de la paroisse Saint-Sulpice avait reçu *d'avance* un assignat de cent écus pour préparer à Montrouge la fosse où les cadavres furent transportés, le lendemain, dans dix tombereaux. Danton, Robespierre, Marat, Tallien et quelques autres membres de la commune furent les auteurs de ce plan et les principaux ordonnateurs de son exécution. Trois ou quatre cents scélérats, choisis parmi les Marseillais et les fédérés, furent leurs instruments. Le peuple n'assista qu'aux derniers massacres qui furent commis aux Carmes, et on a vu qu'il n'y parut que pour y mettre un terme ; il n'entra point au séminaire de Saint-Firmin, lorsque les prêtres y étaient égorgés dans les dortoirs, dans les cellules, etc., etc. ; il ne vit que ceux qu'on jetait tout vivants par les fenêtres, et qui étaient assommés dans la rue à coups de hache par les assassins du dehors ! Ma main se refuse à traiter un récit plus détaillé de toutes ces horreurs ; plus il serait fidèle, moins il serait croyable [1]. »

Et pendant que ces ignobles massacres de Septembre se commettaient, pendant qu'on tuait hommes, enfants, vieillards, prêtres, comme des

---

Bertrand de Moleville. *Annales.*

moutons dans une boucherie, savez-vous ce que faisait ce Danton, ce fou féroce, que certains écrivains ont voulu nous montrer comme un homme de génie? Savez-vous ce que faisait Danton? C'est Mme Roland[1] qui va nous l'apprendre :

Que faisait alors Danton ? Je ne l'ai su que plusieurs jours après ; mais c'est bon à dire ici, pour rapprocher les faits. Il était à la mairie, dans le comité dit de surveillance, d'où sortait l'ordre des arrestations si multipliées depuis quelques jours : il venait d'y embrasser Marat, après la parade d'une feinte brouillerie de vingt-quatre heures. Il monte chez Pétion, le prend en particulier, lui dit, dans son langage toujours relevé d'expressions énergiques : « Savez-vous de quoi ils se sont avisés ? Est-ce qu'ils n'ont pas lancé un mandat d'arrêt contre Roland ? — Qui cela ? demande Pétion. — Eh ! cet enragé comité. J'ai pris le mandat; tenez, le voilà ; nous ne pouvons laisser agir ainsi. Diable ! contre un membre du conseil ! » Pétion prend le mandat, le lit, le lui rend en souriant, et dit : « Laissez faire, ce sera d'un bon effet ! — D'un bon effet, répliqua Danton, qui examinait curieusement le maire; oh ! je ne souffrirai pas cela ; je vais les mettre à la raison. » Et le mandat ne fut pas mis à exécution. Mais qui est-ce qui ne se dit pas que les deux cents hommes devaient avoir été envoyés chez le ministre de l'intérieur par les auteurs du mandat. Qui est-ce qui ne soupçonne point que l'inutilité de leur tentative, apportant du retard à l'exécution du projet, put faire balancer ceux qui l'avaient

[1] *Mémoires.*

conçu ? Qui est-ce qui ne voit pas, dans la démarche de Danton auprès du maire, celle d'un conjuré qui veut pressentir l'effet du coup, ou se faire honneur de l'avoir paré, lorsqu'il se trouve manqué d'ailleurs, ou rendu douteux par d'involontaires délais ?

Les ministres sortirent du conseil après onze heures ; nous n'apprîmes que le lendemain matin les horreurs dont la nuit avait été le témoin, et qui continuaient de se commettre dans les prisons.

C'était encore un névrosé que ce Saint-Just, à la belle figure.

Sa névrose est faite d'orgueil et de cruauté sanglante. Il a été hanté par les souvenirs de la Grèce antique et de Rome, et son orgueil longtemps refoulé s'est fait jour tout à coup. comme la lave brûlante qui sort d'un cratère [1].

Il avait commencé par voler chez sa mère de l'argenterie, des pistolets garnis d'or, une bague fine et, sur la demande de sa famille, il avait été condamné à six mois d'emprisonnement dans une maison de correction [2].

A sa sortie, il composa un poème infect, la *Pucelle*. La Révolution vint à point pour permettre à

---

[1] A la Commune de 1871, nous avons vu les mêmes faits se produire. Les plus terribles, mais les plus convaincus aussi peut-être, ont été les orgueilleux dont l'ambition avait été longtemps comprimée : Rossel, Vermorel, Raoul Rigault, Ferré, etc.

[2] Vatel, lettre de Mme de Saint-Just dans *Charlotte Corday et les Girondins*.

ses nerfs détraqués, à son cerveau excité de donner libre cours à leurs dérèglements [1].

Comme Borgia autrefois, il commettait froidement les plus abominables atrocités. Il invoquait l'histoire et la philosophie, et, le calme sur le visage, il déclarait majestueusement au procès de Louis XVI que « Louis est un autre Catilina ». Il faut tuer le roi parce qu'il est roi et que le roi est plus que lui, Saint-Just. N'est-ce pas là un signe de la grande névrose ?

Nous avons une preuve de sa folie des grandeurs dans une lettre [2] qu'il écrit à d'Aubigny et dans laquelle le docteur Charcot trouverait certainement les preuves de la névrose la plus caractérisée :

« Depuis que je suis ici, je suis dévoré par une fièvre républicaine qui me dévore et me consume... Il est malheureux que je ne puisse rester à Paris. Je me sens de quoi surnager dans ce siècle... Vous êtes tous des lâches qui *ne m'avez pas apprécié. Ma palme s'élèvera pourtant et vous obscurcira peut-être.* Infâmes que vous êtes, je suis un fourbe, un scélérat, parce que je n'ai point d'argent à vous donner ? Arrachez-moi le cœur, et mangez-le. Vous deviendrez ce que vous n'êtes point, grands. »

---

[1] Rappelez-vous le portrait saisissant de Sainte-Beuve : « Toutes les fois que Robespierre a besoin d'un rapporteur impassible, sophistique, aux lèvres d'airain et au front de marbre, pour épurer la Convention et envoyer à l'échafaud, sous couleur de bien public, d'anciens amis et complices, il met en avant Saint-Just, qui s'acquitte de cette tâche comme d'un sacerdoce. »

[2] 20 juillet 1792.

Ne voyez-vous pas poindre le délire de la persécution à côté du délire des grandeurs.

Camille Desmoulins a l'air naïf et cette naïveté l'absout presque aux yeux de bien des gens ; mais je crois cette naïveté voulue et je n'ai pas du tout de commisération pour les hommes qui, comme lui, envoyaient roi, noblesse, et jeunesse à l'échafaud avec une charmante désinvolture. Le seul agrément qu'on éprouve en lisant leur histoire, c'est que, les uns après les autres, ils se sont coupés le cou avec le même charmant entrain.

Camille Desmoulins était entré bruyamment dans l'histoire en juillet 1789. Celui que Robespierre appelait « un enfant gâté qu'avaient perdu les mauvaises compagnies » ; celui dont Mirabeau disait le « pauvre Camille » fut un journaliste, mais rien qu'un journaliste, d'une verve, il est vrai, parfois étincelante. Il était de ceux qui croient que la plume mène à tout. La fermentation des esprits était si grande que les journaux ne suffisaient pas. « Quel mérite avez-vous à être patriote, disait Saint-Just, quand un pamphlet vous rapporte 30,000 livres de rente[1] ? »

---

[1] Il rapportait 30,000 livres... ou l'échafaud. Olympe de Gouges y porta sa tête pour avoir écrit *les trois Urnes ou le Soleil de la Patrie*; le libraire Webert, l'imprimeur Trouillé y périrent aussi : le premier pour avoir tu le nom de l'auteur de *l'Appel à la postérité sur le jugement du roy*, le bénédictin Guillois ; le second pour avoir imprimé la *Relation des vingt-quatre heures d'angoisses qui ont précédé la mort de Louis XVI;* mais ceux-là n'étaient pas des *patriotes*.

Le succès de Desmoulins fut inouï. Inconstant, il n'eut pas de ligne de conduite. Il est à Mirabeau aujourd'hui, demain il l'outrage ; il appelle ami Brissot qui signe à son mariage et qui mourra pour ainsi dire de sa main ; il est l'homme de Robespierre, qui est aussi son témoin et qui le perdra ; spirituel souvent, il est volontiers cynique. Il manie de main de maître l'insulte et la dénonciation. Qu'a-t-il fait à la Convention ? l'*Histoire des Brissotins* qui le chargera de remords.

Il n'épargna personne, jusqu'au jour où la peur le rangea du côté des modérés. Ce fut la peur uniquement, croyez-le, car il ne faut pas supposer qu'il y eût un cœur rempli de tendresse dans celui que le public salua du surnom de *Procureur Général de la Lanterne* et qui racontait en 1789 de la façon suivante à son père le châtiment d'un espion de police surpris au Palais-Royal :

« On l'a déshabillé, on l'a baigné dans le bassin ; ensuite on l'a forcé comme on force un cerf ; on lui a jeté des pierres, en lui donnant des coups de canne, on lui a mis un œil bas de l'orbite ; enfin, malgré ses prières et qu'il criait merci, on l'a jeté une seconde fois dans le bassin. »

Si quelque victime lui demandait raison : « Il me faudrait passer ma vie au Bois de Boulogne, répondait-il, si j'étais obligé de rendre raison à tous ceux à qui ma franchise déplaît. »

Voilà « ce pauvre Camille [1] ».

Les révolutionnaires sentent bien ce qu'ils valent. David, Legendre, Marat, Danton se traitent entre eux de calomniateurs, vils intrigants, monstres, gredins, cochons [2], assassins, imbéciles, scélérats. On apporte dans les assemblées des pistolets, des poignards, des sabres, des « espingoles », des épées. La salle de l'assemblée est devenue une « arène de gladiateurs [3] ».

---

[1] N'importe, la mort de Camille Desmoulins sur l'échafaud, le 5 avril 1794, tenant dans ses mains une boucle de cheveux de Lucile, n'est pas à l'éloge de la bonté d'âme de Robespierre. Presque aussitôt après, Lucile fut arrêtée. Elle était accusée d'avoir reçu une somme de 30,000 francs pour ameuter le peuple autour de la prison de son mari, délivrer les détenus, massacrer les membres du Comité de Salut public et les créatures de Fouquier-Tinville. C'étaient les propres témoins de son mariage, Robespierre et Saint-Just, qui la désignaient pour l'échafaud! Pendant qu'elle marchait à la mort, sa mère, Mme Duplessis, adressait la lettre suivante à Robespierre : « Citoyen, ce n'est donc pas assez d'avoir immolé ton meilleur ami, tu veux encore le sang de sa femme! Ton monstre de Fouquier-Tinville vient de donner l'ordre de l'emmener à l'échafaud; deux heures encore, elle n'existera plus. Robespierre, *si tu n'es pas un tigre à face humaine, si le sang de Camille ne t'a pas enivré au point de te faire perdre la raison, si tu te rappelles encore nos soirées d'intimité, si tu te rappelles les caresses que tu prodiguais au petit Horace que tu te plaisais à tenir sur tes genoux, si tu te rappelles que tu devais être mon gendre, épargne une victime innocente...* »

Mais Robespierre ne connaissait pas la pitié, il laissa la fatale charrette continuer sa marche, et le triangle égalitaire de la guillotine trancha la tête de Lucile, qui avait eu le tort de préférer Camille à son rival, en même temps que celles de Chaumette, de Gobel, des généraux Beysser et Dillon.

[2] *Moniteur*, XIV, Buchez et Roux.

[3] *Moniteur*, XIV, 851.

« Depuis quelque temps, nous étions tous armés de sabres, de pistolets et d'espingoles, » a écrit Meillan.

Danton lui-même traite bien ses collègues :

« Ce sont, dit-il, un tas de b..... d'ignorants, n'ayant pas le sens commun, et patriotes seulement quand ils sont soûls. Marat n'est qu'un aboyeur. Legendre n'est bon qu'à dépecer sa viande [1] ..... »

Il est vrai que, de son côté, Marat rend la pareille à Danton. Le plus amusant dans cette affaire, c'est que Legendre, si bien traité, a été le seul qui ait osé un moment (un moment bien court, il est vrai) prendre la défense de Danton.

Il y a des heures où la folie criminelle n'est pas localisée, mais s'étend largement. En octobre 1792, Danton s'écrie à la tribune que « la Convention doit être un comité d'insurrection contre tous les rois de l'univers [2]. C'était déclarer la guerre à toute l'Europe [3].

Brissot faisait le même rêve [4].

« Dans une lettre dont le hasard m'a procuré la connais-

---

[1] Prudhomme. *Crimes de la Révolution*, V.

[2] Moore, tome II.

[3] N'y a-t-il pas un signe de démence dans ce passage d'une lettre de Couthon parlant de brûler Toulon : « Adieu, mon ami, embrasse Robespierre, Hérault et nos autres bons amis pour moi. *Toulon brûlé*, je reviens et j'y prends racine jusqu'à la fin. Ma femme, Hippolyte et moi t'embrassons du fond du cœur. »

[4] *Considérations sur la Révolution de France.*

sance, dit Mallet-Dupan, Brissot écrivait à l'un de ses ministres-généraux, vers la fin de l'année passée : « Il faut incendier les quatre coins de l'Europe, notre salut est là. »

Et tous ces féroces, qui ont envoyé tant de victimes à la mort, ont devant elle des faiblesses d'enfant, des sensibleries ou des attitudes de comédien.

Ils font parade.

« *O ma bien-aimée*, s'écrie Danton, *ô ma femme, je ne te reverrai donc plus !* »

C'est le cri du sensible névrosé. Voici maintenant le cri du comédien :

Danton se redresse soudain, il voit qu'il est le dernier et, il s'écrie tout haut : « *Allons, Danton, pas de faiblesse !* » Et se tournant vers le bourreau : « *Tu montreras ma tête au peuple, elle en vaut la peine.* »

C'est la fin d'un acte d'une triste comédie.

Robespierre, qui est toujours plein de défiance, livré à de continuels ombrages, qui transforme ses adversaires de tribune en conspirateurs et en criminels d'État, qui passe sa vie à soupçonner, à dénoncer, à proscrire, était aussi un sensible. Enfant, il avait pleuré en lisant les tendres effusions de Rousseau ; juge au tribunal de l'évêché d'Arras, il avait versé des larmes en rendant un arrêt de mort contre un assassin. Il avait fait des madrigaux. Il en offrait « à une Ophélie » un qui se terminait par ces vers :

> Sur le pouvoir de tes appas
> Demeure toujours alarmée.
> Tu n'en seras que mieux aimée,
> Si tu crains de ne l'être pas.

On ne le voyait jamais chanter et rire avec de joyeux compagnons ; sombre durant sa jeunesse, il devint avec l'âge jaloux, inquiet, farouche, soupçonneux. Tout le monde craignait « l'œil de Robespierre. » Ce sensible dénonçait tout le monde, arrêtait tout le monde et finit comme beaucoup de maniaques, par se croire un dieu.

Quinze jours après sa mort, on trouve dans ses papiers *un livret* où il inscrivait ses notes [1].

Lisez attentivement ces pages de son livret « : *Principale mesure de salut public. — Il sera nécessaire d'avoir dans toute la république un petit nombre de commissaires forts, munis de bonnes instructions et surtout de bons principes, pour ramener tous les esprits à l'unité et au républicanisme, seul moyen de terminer bientôt la révolution au profit du peuple. Il faut cent vingt commissaires, deux par*

---

[1] L'écriture de Robespierre, telle que nous la voyons dans les archives du ministère de l'intérieur, était fine et hachée, parfois mal assurée et sans paraphe, semblable en tous points à celle que les docteurs de la Salpêtrière nous montrent aujourd'hui comme émanant de paralytiques généraux ou de maniaques.

chaque armée, deux par département. Il faut en mettre un fort avec un plus faible. Il faut les renouveler ou les changer fréquemment. Il faut à tous une instruction générale. Il faut une correspondance active dirigée par le même principe et adaptée aux localités. » Vous allez voir ce que signifient ces quatre mots *au profit du peuple*, si vous rapprochez ce passage d'une note essentielle, écrite de la main de Robespierre : « *Il faut une volonté une. Il faut qu'elle soit républicaine ou royaliste.* » N'est-ce pas se désigner lui-même ?... Puis, visant les bourgeois, cause, affirme-t-il, des dangers intérieurs, il se retourne vers les sans-culottes décidés à lui obéir : « *Il faut,* dit-il, *leur procurer des armes, les colérer, les éclairer.* » Ainsi les sans-culottes armés et des commissaires forts, munis de bonnes instructions et surtout de bons principes, voilà son armée, voilà ses soldats et ses officiers. Que feront les sans-culottes ? Une chasse à mort aux bourgeois. Que feront les commissaires ? Ils s'appliqueront « *à découvrir et à inventorier les hommes dignes de servir la cause de la liberté*[1] ».

« Robespierre[2], dit Mallet du Pan, visait réellement à rester seul maître de la France. Il avait espéré qu'on le proclamerait dictateur le jour de la fête de l'Être suprême, au moment où il alla brûler le mannequin de l'Athéisme, au milieu du bassin des Tuileries ; mais la multitude ne lui donna aucun applaudissement et cria : *Vive la nation!*[3] »

[1] Henri Welschinger. *Le Livret de Robespierre.*

[2] Quelle tartuferie dans ce Robespierre, qui disait : « Le méchant, l'homme immoral *n'a pas de droits.* »

[3] Un des poètes de Robespierre, c'est le malheureux Desorgues. Grâce à son habileté, ce petit bossu violent de tempérament, avait

« La Terreur, écrit Robespierre dans un rapport à la Convention, n'est autre chose qu'une justice prompte, sévère, inflexible; elle est donc une *émanation de la vertu.* »

C'est au nom des premières émanations de la vertu qu'au commencement de la Révolution on tua de Launay et de Flesselles[1], que M. de Montes-

franchi sans encombre les tourmentes révolutionnaires, échappé à la réaction de Thermidor en rimant contre Robespierre le *Chant du neuf Thermidor* dont Lesueur avait composé la musique. Un calembour le perdit en 1803. Il avait publié une chanson un peu raide où il était dit :

> Oui, le grand Napoléon
> Est un caméléon.

Un jour, au café de la Révolution, il demanda une glace. Le garçon lui en apporta une au citron. — Non, dit Desorgues, je n'en veux pas, je n'aime pas *l'écorce.* Ce bon mot le perdit, il fut arrêté, conduit à Charenton. En 1808, il y mourut fou.

[1] Celui-ci était très bienfaisant. Le 13 mars 1789, trois enfants, les trois frères, s'attardaient, revenant de l'école, sur la berge du bras oriental du Rhône; l'un d'eux fait un faux pas et tombe. Ses frères veulent le retenir, ils sont entraînés. A cent mètres à peine passait un soldat au régiment d'Anjou, du nom de Bernin, né à la Guillotière. Il vole au secours de ces enfants et parvient à en arracher deux à la mort. L'intendant M. de Flesselles, qui prodigua aux habitants de Lyon les témoignages de sa munificence, s'empressa de récompenser ce trait de courage en donnant à Bernin une épée d'honneur à garde d'argent sur laquelle était gravé le récit de sa noble action. Mme de Flesselles lui fit un fort beau cadeau en argent. Le Consulat de Lyon lui accorda une gratification de 500 francs.

Ajoutons que Mme de Flesselles, qui elle aussi combla Lyon de bienfaits, fondait des prix pour quantité de concours, en particulier pour celui de sages-femmes.

Les vainqueurs de la Bastille surent reconnaître les admirables services de M. de Flesselles en lui faisant subir un effroyable supplice.

son fut noyé au Mans, M. de Barras coupé en morceaux en Languedoc, Belsunce tué et mangé à Caen. C'est sans doute aussi au nom de la vertu qu'on coupa le cou du trop vertueux Robespierre. C'était dans la logique des choses.

Fréron, qui voulait *régénérer la France dans un bain de sang*, adorait les lapins. Il les couvrait de caresses et de baisers, et ses intimes lui donnèrent le doux surnom de *Lapin*.

Ce *lapin*, envoyé à Toulon et à Marseille, remplissait ces deux villes de ruines, de massacres, de mitraillades.

Bourdon de l'Oise, qui murmure et fait semblant de se trouver mal à la vue du sang, est l'un des membres les plus féroces de la Convention. C'est ce fou, à la fois furieux et patelin, qui fait guillotiner Lavoisier, une des gloires de la France; qui poursuit les Girondins; qui demande, après le 9 thermidor qu'on fusille dans la salle ses collègues de la Montagne, autrefois ses complices; qui, ami de la liberté, fait arrêter à Chartres le journaliste Joseph Michaud, rédacteur de la *Quotidienne*, et commande aux gendarmes de l'attacher solidement à la queue d'un cheval et de le conduire ainsi avec des coups de plat de sabre jusqu'à Paris.

Des sanguinaires qui font couler le sang à flots, s'apitoyent sur le *sort* des *oiseaux*. N'est-ce pas un signe de névrose, cela? Voyez ce qui se passait, le

23 janvier 1794, en pleine Terreur, à la Convention nationale où Grégoire présentait un projet de décret sur la confection des livres élémentaires :

« Il est dangereux, disait-il, de tolérer les écarts des enfants, sous prétexte de leur extrême jeunesse. Une faute légère produit bientôt un vice, et celui qui finit par assassiner a commencé par voler une pomme.

« Par exemple, *on n'attache aucune importance à ce qu'un enfant, qui a déjà quelques idées morales, brise les œufs et le nid d'un oiseau, et l'on ne sent pas la nécessité de le détourner d'une action qui arrête la reproduction des êtres, qui fait deux malheureux, et dont les effets répétés endurcissent insensiblement le cœur*, à tel point qu'il se complaît à tourmenter les animaux. Or, celui qui manque d'humanité envers les animaux sera cruel envers les hommes. »

Elle est très amusante, cette sensiblerie de l'abbé Grégoire, auteur d'un ouvrage sur « la Légitimité du serment civique ». Afin de tirer une leçon des principes échappés à sa sensibilité, il ne me paraît pas mauvais de publier la petite liste suivante. On verra ce qui se passait *dans le moment même où l'évêque constitutionnel de Blois prêchait la douceur envers les oiseaux.*

Du 2 au 8 pluviôse (du 21 au 27 janvier). Marc-Antoine Quatremer, 42 ans, marchand drapier; Etienne Fichet, 32 ans, lieutenant de vaisseau; Jean-Marie L'Ecluse, 28 ans, enseigne de vaisseau; Michel Jacquelin, 42 ans, maître canonnier; Ignace Vauzon, 36 ans, canonnier de marine; Antoine Gardinet, 31 ans, 2ᵉ maître canonnier; Gilles Blanchard, 37 ans, marin; Marc-Antoine Bernard, 36 ans, chirurgien; Thomas-Louis Lefèvre, 49 ans, instituteur; V. Melchior Toulon-Rimbault, 36 ans, ci-devant avocat du roi à l'amirauté de Toulon; Nicolas Rouard-Benard, 42 ans, fripier-tapissier; Laurent Migot, 65 ans, ex-comte, ci-devant colonel au 4ᵉ régiment de dragons; Sébastien Mondot, 65 ans, prêtre; J.-François Quentin, 45 ans, homme de loi; P. Durand, sous-chef du bureau militaire de Melun; J.-B. Meltau, commissaire des guerres; Camille Bossy, ci-devant noble, 65 ans; L.-J. Josset de Saint-Lorent, 48 ans; Louis-Henri Marcé, 63 ans, lieutenant général, ont été condamnés à la peine de mort par le tribunal révolutionnaire.

Ils sont tous détraqués, névrosés, maîtres et serviteurs, petits et grands. Ils sont malades. Si quelqu'un aujourd'hui disait des phrases analogues à celles qu'on se permettait de déclamer alors, on demanderait sans retard à l'envoyer à Charenton.

David s'écrie à la Convention :

« Sous un gouvernement si beau, la femme enfante sans douleur [1]. »

---

[1] Discours sur Barat et Viala.

Un jacobin à la tribune :

« Nous serons un peuple de dieux ! »

Grégoire à la Convention :

« J'assure que, pendant les premiers jours, l'excès de la joie m'ôta l'appétit et le sommeil [1]. »

« J'ai entendu, dit Mercier [2], un orateur s'écrier dans une section et je l'atteste : «Oui, je prendrais ma tête par les cheveux, je la couperais, et, l'offrant au despote, je lui dirais : *Tyran, voici l'action d'un homme libre !* »

« Nous ferons *un cimetière de la France*, disait Carrier, plutôt que de ne pas la régénérer à notre manière [3]... »

Paroles de Leclerc, député, aux Jacobins :

« Il faut établir le machinavélisme populaire ; il faut *faire disparaître de la surface de la France tout ce qu'il y a d'impur*..... [4]. »

Jean Bon Saint-André, annonce que « *pour établir solidement la République en France, il fallait réduire la population de plus de moitié* [5]. »

[1] Cette joie provenait de l'abolition de la royauté.
[2] *Nouveau Paris*, 1, 13.
[3] Buchez et Roux, XXXIV.
[4] Séance du 12 mai 1793.
[5] La Révellière-Lepeaux. *Mémoires*, I. Le 29 février 1792, Lacépède dénonçait en ces termes l'ignoble canaille révolutionnaire qui terrorisait alors Paris : « 20,000 *coquins, la marque sur le dos*, (des galériens) passent le jour dans les tripots, les spectacles, au Palais-Royal et dans les cafés. »

Les scènes de folie aux Assemblées sont parfois bien amusantes :

« M. Piorry, *au nom de citoyens pauvres mais vertueux*, dépose deux paires de boucles avec cette devise : « Elles ont servi à contenir les tirants de mes souliers sur mes pieds ; elles serviront à réduire sous eux, avec l'empreinte et le caractère de la vérité, tous les tyrans ligués contre la Constitution [1]. »

Anacharsis Clootz — « Mascarille Timbré » — fait une adresse aux Français ainsi conçue :

« Dieu débrouilla le chaos primitif ; les Français débrouillèrent le chaos féodal. Dieu est puissant et a voulu ; nous sommes puissants et nous voulons... Plus le théâtre de la guerre sera grand, plus le procès des plébéiens contre les nobles sera terminé promptement et heureusement... Il nous faut des ennemis... La Savoie, la Toscane, et vite, vite [2] ! »

Il oublie de dire qu'il leur aurait fallu des douches à tous !

Ils se croient tous des hommes d'Etat, doués du plus grand génie politique.

Louvet écrit :

« J'étais de ces philosophes hardis, qui avant la fin

---

[1] *Moniteur*, XII. Séance du 21 mai 1792.
[2] *Moniteur*, XI. Séance du 21 janvier 1792.

de 1791, avaient déploré le sort d'une grande nation obligée de s'arrêter à mi chemin dans la carrière de la liberté[1]. »

« ... Il fallait un ministre de la justice. Les quatre ministres jetèrent les yeux sur moi....

« Duranthon me fut préféré. Ce fut la *première faute du parti républicain* ; il l'a *payée bien cher*, elle a coûté bien du sang et des larmes à mon pays[2]. »

Le ministre Roland donnait[3] un plan pour l'établissement de fêtes publiques, « à l'instar des Spartiates » et prenait pour épigraphe : *Non omnis moriar*[4].

Ils sont hypocrites ces jacobins, d'une hypocrisie basse, digne des financiers de nos jours. Écoutez l'un d'eux, Romme, dont on nous a donné une précieuse biographie. Dans le jugement du roi, il traduit ainsi son vote :

« Si je votais *comme citoyen*, l'humanité et la philosophie me feraient *répugner à prononcer* la mort, mais comme représentant de la nation, je dois puiser mon suffrage dans la loi même... et je demande que Louis soit condamné à mort. »

C'est d'ailleurs le même faux bonhomme qui,

---

[1] *Mémoires*, 32.
[2] *Ib.*, 38.
[3] 5 janvier 1793.
[4] *Roland et madame Roland*, par le baron de Girardin, I.

membre du comité de l'instruction publique, eut la gloire peu enviable de faire voter la suppression de la maison de Saint-Cyr. C'était un « repaire de filles d'aristocrates », disait-il. C'est aussi le même cuistre qui, rapporteur de la loi sur l'organisation des écoles primaires, formula le premier des principes, qui, hélas ! ont fait leur chemin depuis :

« Qu'on ne parle plus, disait-il, d'institutions libres, d'enseignement particulier, du *droit des pères de famille;* la République doit être le seul *dispensateur gratuit* des connaissances, l'unique régulateur des intelligences, sous peine de voir se perpétuer dans l'Etat cette odieuse division : les *citoyens* et les messieurs. »

Ceux qui n'étaient pas trop méchants étaient par trop bêtes. Ils se laissèrent enfermer, martyriser, guillotiner au nom de la liberté, pensant que la postérité vengerait un jour leur mort. Voyez Lasource, député à la Législative et à la Convention. Il est enfermé à la prison du Luxembourg et ses jours sont comptés. Il occupe ses loisirs forcés à faire un hymne patriotique et à raconter ses aventures avec une crédulité superstitieuse.

Mais je laisse la parole à une Anglaise[1], qui a connu Lasource, prisonnier comme elle au Luxembourg :

---

[1] Cité dans *Le Girondin Lasource*, d'après des documents originaux, par Camille Rabaud.

« La religion chez Lasource était une habitude de l'âme, fondée sur les plus sublimes idées de l'Etre suprême ; il se reposait sans murmurer sur la justice de cette Providence qui tient en ses mains la vie et la mort. Lasource et son ami composèrent une petite hymne adaptée à un air d'une mélodie charmante et convenable au sujet qu'ils nommaient : *Leur office du soir*. Ils la chantaient tous les soirs à voix basse, de peur d'être entendus et ces sons funèbres de nos infortunés amis retentissent encore au fond de mon cœur.

I

Calme nos alarmes,
Prête-nous des armes,
Source des vrais biens.
Brise nos liens !
Entends les accents
De tes enfants
Dans les tourments.
Ils souffrent ; leurs larmes.
C'est leur seul encens !

II

Prends notre défense
Grand Dieu de l'innocence !
Près de toi toujours
Elle trouve son secours.
Tu connais nos cœurs
Et les auteurs
De nos malheurs ;
D'un sort qui t'offense
Détruis les rigueurs.

III

>   Quand la tyrannie
>   Frappe notre vie,
>   Fiers de notre sort,
>   Méprisant la mort
>   Nous te bénissons ;
>   Nous triompherons
>   Et nous savons
>   Qu'un jour la patrie
>   Vengera nos noms[1].

« Lasource parlait souvent de son épouse avec un tendre regret. A peine marié depuis une semaine, il fut élu membre de l'Assemblée législative, partant brusquement pour Paris, laissant sa femme en Languedoc auprès de sa mère âgée. A la séparation de la Législative, Lasource fut nommé à la Convention et ne put obtenir un jour de congé pour aller auprès de sa femme qu'il ne revit jamais.

« Dans ses méditations sur la chaîne des événements politiques, il me fit part d'une aventure qui semblait l'avoir vivement frappé d'une sorte de crédulité superstitieuse. Peu de jours après la révolution du 10 août, il dîna au faubourg St-Antoine avec plusieurs membres de l'Assemblée législative, distingués par leurs talents et leur patriotisme. Ils se félicitaient de l'institution de la nouvelle république et du rôle glorieux qu'ils avaient à

---

[1] Hymne patriotique plutôt que cantique, respirant moins l'esprit religieux qu'un fier stoïcisme et la confiance dans le futur triomphe de la justice, dans la gloire de leur nom.

remplir comme ses fondateurs. Un habitant du faubourg, leur convive, ne leur cacha point qu'il craignait pour eux un sort beaucoup moins digne d'envie : « Si vous êtes, leur dit-il, les fondateurs de la République, vous pourriez bien aussi en être les victimes. Vous serez bientôt forcés d'imposer au peuple des restrictions et des devoirs. Vos ennemis proclameront que vous n'avez renversé le trône des rois que pour élever votre propre autorité sur des ruines ; on vous accusera d'aristocratie, et je prévois, ajouta-t-il avec agitation, que vous périrez sur l'échafaud ». On rit de cette prédiction ; mais, l'hiver suivant, à l'assombrissement de l'horizon politique, Lasource se ressouvint de la prophétie et la rappela souvent à Vergniaud, qui n'y prenait pas garde. Mais peu avant le 21 mai, lorsque la Convention fut la première fois assiégée, Lasource de nouveau : « Eh bien, que pensez-vous du prophète de St-Antoine ? — Vergniaud répondit : « J'ai peur qu'il n'ait raison. »

Cet habitant du faubourg était donc un plus profond politique que les membres de l'Assemblée législative.

Le 20 juillet 1791, au matin, Lafayette avait failli être tué. On lui avait tiré un coup de pistolet à bout portant qui le manqua. On arrêta l'assassin aussitôt. Bien entendu, Lafayette le fit mettre en liberté pour sa belle action [1]. C'était peut-être pour lui donner le temps de prendre des leçons de tir. Une autre fois ledit tireur ne ratera pas son homme.

[1] Lettre du gouverneur Morris, du 20 juillet 1791.

Ce Lafayette est d'une naïveté sans pareille, qui frise la bêtise. Ecoutez-le :

« On a peine à concevoir comment la minorité jacobine et une poignée de prétendus Marseillais se sont rendus maîtres de Paris, tandis que la presque totalité des 40,000 citoyens de la garde nationale voulait la Constitution. [1] »

Voyons, voilà un chef qui fait relâcher un assassin, qui voit ses hommes lapidés pendant plus d'une heure sans leur donner l'ordre de tirer et qui ne comprend pas que les coquins aient le dessus.

La province imite Paris. A Rouen, le 29 août 1792, des gardes nationaux se laissent jeter des pierres pendant plus d'une heure sans rien dire : quelques-uns d'entre eux sont blessés. Le maire renouvelle six fois les sommations légales de crainte que l'on fasse du mal aux émeutiers ; bien entendu, la foule continue de plus belle. A la fin, les gardes tirent sans ordre et comme quelques braillards patriotes sont tués, le reste se sauve au large [2].

Le 8 janvier 1794, on lit à la Convention une lettre des administrateurs de la Creuse demandant

---

[1] *Mémoires*, I, 454.

[2] *Archives nationales*. Lettre du lieutenant-colonel de la gendarmerie, en date du 30 août 1792.

l'autorisation de faire abattre les châteaux forts qui se trouvent sur leur territoire et qui *semblent menacer la liberté*.

Des châteaux forts qui *semblent menacer la liberté*, est-ce assez joli ?

Paris eut le malheur de compter jusqu'à des pâtissiers *liberticides*. Qui s'en serait jamais douté ? Et pourtant la chose est vraie. Voici un document des plus curieux qui porte la date du 4 nivôse, an III :

« Le citoyen maire, président du conseil, Nicolas Chambon, informe ledit conseil de la section que le comité révolutionnaire vient de lui dénoncer qu'il y a des pâtissiers qui se permettent de fabriquer et de vendre encore des *gâteaux du roi*. Il invite la population à faire son devoir. »

Sur quoi l'arrêt :

« ... Considérant que les pâtissiers ne sauraient avoir que des intentions liberticides ; considérant que même plusieurs particuliers ont commandé, sans doute dans l'intention de conserver l'*usage superstitieux de la fête des ci-devant rois*, etc., il faudra découvrir et surprendre les pâtissiers délinquants et les orgies dans lesquelles on oserait fêter les ombres des tyrans. »

C'était bien fait pour les pâtissiers.

Voulez-vous un témoignage de la sottise ? Écoutez l'exposé des motifs par un conventionnel pour le calendrier républicain. Sous prétexte que la proclamation de la République a coïncidé avec l'équinoxe d'automne, il s'écrie :

« L'*égalité des jours et des nuits* était marquée dans le ciel, au moment même où l'égalité civile ou politique était proclamée par les représentants du peuple... Le soleil a éclairé à la fois les deux pôles, le même jour où pour la première fois, a brillé sur la nation française le flambeau de la liberté... Le soleil a passé d'un hémisphère à l'autre le jour où le peuple a passé du gouvernement monarchique au gouvernement de la République.. «

Et dire que cent ans après on veut nous faire gober des pilules comme celle-là et adorer des niais de ce calibre, car ces ritournelles-là étaient applaudies par la majorité.

Encore un exemple :

COMMUNE DE PARIS, CONSEIL GÉNÉRAL [1]

« Du 20 mai 1793.

« Une députation de la société des *Républicaines révolutionnaires*, réunie à celle des Cordeliers, fait part au conseil d'une adresse à la Convention pour lui repré-

---

[1] *Archives nationales.*

senter le danger de la patrie et lui proposer des moyens utiles et nécessaires pour la sauver. Le conseil général témoigne, par l'organe de son président, à ces *citoyennes* la satisfaction qu'il ressent de les voir exprimer leurs sentiments avec cette énergie *mâle et républicaine*, les invite à sa séance et de suite passe à l'ordre du jour.

« Destournelles, *vice-président*.

« Cubières, *s.g. adj.* »

Voyez-vous ce président félicitant des *citoyennes femelles* de leur *énergie mâle* et républicaine. C'est le comble du comique.

Voulez-vous maintenant un modèle de bouffonnerie :

« Municipalité. — Le citoyen Lebrun, ministre des affaires étrangères, a présenté à la municipalité sa fille nouvellement née, et lui a donné le nom de *Civilis-Victoire-Jemmappes-Dumouriez Lebrun*. — Dumouriez a été représenté dans cette cérémonie par le citoyen Jean-Baptiste-Renaud, son valet de chambre, maintenant aide de camp-capitaine.

« Charles Villette a aussi présenté un fils de son mariage avec la citoyenne Varicourt et l'a appelé *Voltaire-Villette*[1]. »

La Convention en entendait de belles certains jours :

[1] *Mercure de France*, 22 novembre 1792, p. 258-259.

« Le 17 janvier 1794, les jeunes élèves de la patrie des sections des Arcis et de la Réunion, déposent *dans le sein de la Convention le produit d'une collecte qu'ils destinaient à la célébration d'une fête en l'honneur de Lepelletier, qu'ils ont pris pour patron à la place de saint Nicolas.*

« Ces jeunes citoyens sont applaudis et admis aux honneurs de la séance. »

Le 19 janvier, c'était *la Pétition de la citoyenne Reine Chappuy*, entrée en qualité de cavalier au 24° régiment, et partie avec un congé militaire en date du 3 nivôse :

« Enflammée du feu sacré de la liberté, encouragée par l'exemple précieux de cinq frères, j'aurais cru déroger au sang généreux qui coule dans mes veines et dans celles de toute ma famille, *si je n'avais pas fait le sacrifice des alarmes qui sont le partage ordinaire de mon sexe* au désir brûlant de venger ma patrie, de combattre les tyrans et de partager la gloire de les foudroyer. Bien différente, citoyen président, de beaucoup de femmes qu'un fol amour a peut-être entraînées à la suite des camps, l'amour seul de la patrie, l'espoir flatteur de cueillir sous mon déguisement les lauriers républicains, *la perspective si douce de porter le dernier coup aux traîtres* et aux rebelles, voilà mes guides, voilà ceux que je t'offre pour mes avocats. Ils plaideront sans doute éloquemment ma cause, de concert avec les certificats non équivoques que le régiment auquel j'étais attachée s'est fait un vrai plaisir de me donner après avoir reconnu mon sexe. Agée de dix-sept ans et demi, serait-ce à la fleur de mes ans que je me verrais *réduite à aller habiter les foyers paternels, tandis que Bellone m'attend dans les siens* [1] !... »

On dénonce les *statues* qui ne sont pas assez *démocratisées*.

Le 17 janvier 1793, à la Commune de Paris, le procureur de la Commune dit qu'on lui a dénoncé ce matin qu'il existait *une longue file de rois de pierre* sur le portail du temple de Notre-Dame; qu'il existait dans l'intérieur des cours du curé de ladite église un médaillon de Louis XV, *avec cette inscription blasphématoire : Pietas Augusta;* qu'il existait à l'Académie de Médecine, — et une Académie est un lieu public, — une statue en marbre blanc du même Louis XV. Il requiert le conseil général d'inviter l'administration des établissements et travaux publics, réunis, *à prendre les mesures les plus promptes*, de concert avec les citoyens membres de la commission des arts, *pour que ces signes, qui nous rappellent la honte de nos aïeux, disparaissent de notre cité*.

Ce réquisitoire a été adopté [2].

---

[1] Séance de la Convention nationale du 19 janvier 1794.

[2] Les *Emblèmes décoratifs* aussi sont devenus suspects : Marmontel nous cite dans ses *Mémoires* un exemple bien amusant, à propos des harangues officielles :

« Il s'agissait, écrit-il, des murs d'enceinte et des barrières de Paris, qu'on dénonçait comme un enclos de bêtes fauves trop injurieux pour des hommes.

« J'ai vu, nous dit l'un des orateurs, oui, citoyens, j'ai vu à la

Un autre jour, c'était du cœur d'un grand Français qu'il s'agissait. Le 19 janvier 1794, les citoyens composant la société des Cordeliers se présentent à la barre du Sénat français avec le cœur de Marat dont ils sont dépositaires. L'orateur de la députation demande « que la Convention décrète l'impression des ouvrages de Marat, dont le précieux dépôt est entre les mains de son épouse. *Les écoles primaires trouveront dans ces écrits les éléments d'un cours de morale républicaine, tous les citoyens la règle de leur conduite* ».

Il faut espérer que le livre offert, en des temps où il était moins cher aux citoyens de la Société des Cordeliers, par le *royaliste* Marat à la reine Marie-Antoinette aurait été du nombre [1].

barrière Saint-Victor, sur l'un des piliers, en sculpture, le croiriez-vous? j'ai vu l'énorme tête d'un lion, gueule béante, et vomissant des chaînes dont il menace les passants. Peut-on imaginer un *emblème plus effrayant du despotisme et de la servitude?* »
« L'orateur lui-même imitait le rugissement du lion. Tout l'auditoire était ému, et moi qui passais si souvent à la barrière Saint-Victor, je m'étonnais que cette image horrible ne m'eût point frappé. Je fis donc, ce jour-là, une attention particulière, et sur le pilastre, je vis pour ornement un bouclier pendu à une chaîne mince, que le sculpteur avait attachée à un petit mufle de lion, comme on en voit à des marteaux de portes ou à des robinets de fontaines ».

[1] Un bibliophile bien connu, le baron Double, a retrouvé l'exemplaire dédicace de ce livre offert par Marat à la reine Marie-Antoinette, intitulé *Le Féu;* il est relié en maroquin vert plein et porte les armes de la Reine de France, c'est-à-dire les blasons accolés de France et d'Autriche. Marat, qui, avant d'être un fougueux révolutionnaire, s'occupait de sciences, y traite du feu et de la lumière.

L'intelligente assemblée de la commune de Paris n'oublie même pas les morts. C'est ainsi que, le 11 janvier 1794, au conseil général, Avril fait un rapport amusant sur l'inhumation des citoyens. En voici quelques dispositions :

« Ils auront le visage découvert ; ils resteront douze heures exposés dans leur domicile ; ils seront ensuite placés sur un brancard décoré *d'une draperie qui caractérisera les trois âges politiques de la vie.* Cette draperie, ornée d'une bordure aux trois couleurs, sera d'un fond uni. — *Blanc,* pour la jeunesse, avec cette inscription : *Il croissait pour la patrie ; Rouge,* pour l'âge viril avec ces mots : *Il vivait pour la patrie* ; et *Bleu,* pour la vieillesse ; on y lira : *J'ai vécu pour la patrie.* Ce brancard sera porté sur l'épaule par quatre citoyens vêtus d'un pantalon et d'un gilet, avec une ceinture aux trois couleurs ; ils auront par-dessus une tunique tombant jusqu'aux genoux, et ils seront couverts d'un bonnet.

« Les enfants seront portés par d'autres enfants, de huit à douze ans. Les corps, après avoir été exposés pendant douze heures, seront portés au champ du repos et accompagnés par ceux à qui cette fonction aura été déléguée. On choisira l'heure de minuit.

« Le conseil adopte quelques-unes des bases de ce rapport[1]. »

Une grande partie de ces législateurs sont des

---

[1] Délibération du 21 nivôse. Pendant qu'on s'occupe de ses niaiseries, le bulletin de la police porte le nombre des prisonniers dans Paris à 5,030.

ânes bâtés, qui ignorent jusqu'aux éléments de l'histoire des peuples. Méconnaître et détester l'histoire a été le premier mot de l'évangile révolutionnaire. Pour eux, le mépris de l'histoire du passé est le commencement de la sagesse. Lisez ce qu'écrit l'un d'eux, Romme le Montagnard [1] :

« Je déteste l'histoire presque autant que la simple littérature, écrivait-il à l'un de ses amis,.. l'histoire des sciences est essentielle... l'histoire des mœurs a beaucoup d'inconvénients et n'a pas été traitée d'une manière intéressante et *ex professo*. Mais l'histoire politique, l'histoire des conquêtes est toujours celle des carnages, des injustices, des cruautés, de l'ambition des hommes de tous les âges. »

Et l'on avait fait un législateur, un juge de cet homme là !

Le 1er janvier 1793, Legros s'écrie aux Jacobins :

« Citoyens, les patriotes ne doivent pas se compter, ils se pèsent. Un patriote dans la balance de la justice doit peser plus que 100,000 aristocrates, et un jacobin doit peser plus que 100,000 feuillants. Un républicain doit peser plus que 100,000 monarchistes. Un patriote de la montagne doit peser plus que 100,000 brissotins. D'où je conclus que le grand nombre de votants contre la mort

---

[1] *Romme le Montagnard*, par Marc de Vissac. 1883. Clermont-Ferrand.

de Louis XVI ne doit pas arrêter la Convention quand bien même toute la nation ne le voudrait pas. »

Et dire que la Constitution avait proclamé l'égalité.

Ils s'en moquaient bien de l'égalité.

« En 1793, quand les appellations de « monsieur » et de « madame » furent supprimées, et qu'un civisme exagéré, puis la mode elle-même les remplacèrent par « citoyen » et « citoyenne » quand le « vous » devint suspect d'aristocratisme, la société n'en resta pas moins partagée en individus qui se font servir et en individus qui servent les autres. Mais ces derniers exigeaient que les ci-devant maîtres qu'ils tutoyaient, fissent précéder, en leur parlant, l'expression de leur volonté ou de leur désir de la formule civique. Les millionnaires, comme Hébert, du *Père Duchesne*, avaient à leur service des citoyens cochers et des citoyens valets de chambre. Pourtant Robespierre ne se fâchait point lorsque le gardien du jardin botanique le saluait du titre de « bon monsieur de Robespierre ». Mais, en revanche, Mirabeau, même après la suppression des titres de noblesse, se mettait en colère contre le *Moniteur* qui, dans les comptes rendus de l'Assemblée, l'appelait *M. Riquetti aîné*. Le cadet siégeait à droite et s'appelait, on le sait, Mirabeau *Tonneau*. Le grand orateur, l'aîné, quoique ayant voté la suppression des titres, rossa son valet de chambre qui se permettait les familiarités du *Moniteur* : « Veux-tu bien, maraud, m'appeler monsieur le comte » ! s'écria tout en colère le tribun chez qui l'aristocrate ne s'effaçait que dans la vie publique. »

Tous, d'ailleurs, empruntent à Mirabeau son amour de l'or. Ils ont pour le numéraire un culte égal à celui des bons apôtres, leurs collègues du Centenaire. On en trouve la preuve dans mainte séance de la Convention, celle du 12 janvier 1795, par exemple :

THIBAULT, au nom des comités de salut public, de sûreté générale, de législation et des finances réunis, présente un projet de décret fixant l'indemnité des représentants du peuple à 36 livres par jour *à dater du 1er vendémiaire an III* (22 *septembre* 1794).
LEVASSEUR (de la Sarthe) : « *J'entendrais plus volontiers dans cette Assemblée parler d'économie que d'augmentation*... Que l'on fasse des économies, et alors les représentants verront s'ils peuvent penser à une augmentation pour eux-mêmes. Les députés seront toujours riches assez quand ils auront toutes les vertus du républicain. »
DUHEM. — « Je commence à m'apercevoir, moi qui ne suis qu'un garçon, que l'indemnité devient insuffisante ; mais je sais qu'il y a des fonctionnaires publics qui ont de la famille, et qui n'ont pas autant que nous... *Nous nous occuperons de nous quand nous n'aurons plus à nous occuper de personne... Ne faisons pas croire que nous voulons de l'argent ; ne faisons pas dire que nous puisons dans le trésor public ;* ne faisons pas dire aux aristocrates, aux royalistes qui relèvent la tête, aux chouans, aux

rebelles de toute espèce, que nous ne pensons qu'à nous... »

Brival : « Je ne crains pas de dire qu'il est fâcheux pour les représentants du peuple d'entamer une pareille discussion ; mais il est vrai de dire qu'il est peu de nos collègues qui ne soient obligés à de grands sacrifices... *Quant à moi, je déclare que j'ai besoin d'augmentation.* » (*On applaudit.*)

Bentabole. — « ... S'opposer à cette augmentation, c'est favoriser plutôt l'aristocratie que le patriotisme... Quelques-uns de nos collègues disent qu'ils n'ont pas besoin d'augmentations ; eh bien ! je déclare que c'est par une fausse popularité qu'on peut s'opposer au décret... »

Le projet de décret présenté par Thibault est *adopté* [1].

Tout comme nos députés de 1890, ceux de la Convention aimaient les dîners fins des financiers. C'étaient là de bons procédés que les *israélites* qui s'introduisirent en masse en France à cette époque, emploient volontiers pour faciliter les affaires. Les Kohn Reinach, les Lepelletier, les David, les Blanchard d'aujourd'hui ont leur précurseur dans le juif Mayer et les d'Alavène d'alors, confidents grasse-

---

[1] Le même jour, se trouve dans le compte rendu de la séance une amusante déclamation remplie du puffisme le plus bête !
— *Discussion sur les fêtes décadaires.* — Eschassériaux l'aîné : « Tout doit parler de la divinité dans l'ordre social, comme tout en parle dans la nature. Quand le sentiment ne l'inspirerait pas, il faudrait que la politique gravât le nom de l'Etre suprême sur le front de chaque département. »

ment payés des ministres, le font filer par leurs agents aussi juifs que lui, et se font rendre compte de ce qui se passe dans ses petits soupers.

« On crie beaucoup contre les fournisseurs ; on leur reproche des dépenses scandaleuses, notamment au juif Mayer qui, dit-on, donne souvent à manger à des députés et à des ministres. On dit qu'un repas donné par lui à *dix personnes*, il y a quelques jours, *a coûté* 300,000 livres [1]. »

« On est étonné, dit M. Mortimer-Ternaux, quand on parcourt la liste des députés à la Convention nationale, d'y trouver des députations entières, composées de dix à douze individus dont pas un n'a laissé un souvenir dans la mémoire des hommes. »

Combien ne doivent leur peu de notoriété qu'à l'éclat du seul jour de leur mort sur l'échafaud ou de leur proscription.

La majorité du peuple parisien déteste les jacobins.

En mai 1793, l'observateur Dutard écrit :

« Presque tous ceux qui ont quelque chose sont modérés... Les gendarmes qui sont ici parlent ouvertement contre la Révolution, jusqu'à la porte du tribunal révolutionnaire dont ils improuvent hautement les jugements.

---

[1] *Extrait d'un rapport de police du commissaire du bureau central, Houdeger, en date du 4 nivôse an IV.*

Tous les vieux soldats détestent le régime actuel. Les volontaires qui reviennent de l'armée paraissent fâchés de ce qu'on ait fait mourir le roi, et, à cause de cela seul, *ils écorcheraient tous les Jacobins.* »

« Que vois-je en ce moment? dit-il le 30 mai. *Un peuple mécontent qui hait la Convention,* tous les administrateurs, et, généralement, l'ordre de chose actuel[1]. »

Tout citoyen ou militaire qui se trouve armé est fanfaron et impuissant. Il aime à faire voir son bel uniforme, mais il ne faut pas que cela le gêne. Bailly, maire de Paris, écrit à Lafayette :

« Je suis instruit, monsieur le marquis, et je sais même, pour l'avoir observé, que l'on rencontre peu de patrouilles dans la ville de Paris... tantôt un officier et partie des soldats quittent leur poste, plus d'une fois la garde n'a été relevée qu'après plusieurs jours. »

Ou bien :

« Dans le district des Capucins-Saint-Honoré, les citoyens refusent de faire leur service militaire et publient hautement leur refus par des expressions indécentes et injurieuses. »

« Tous, dit d'Arbay, le chef d'état-major, tous veulent juger par eux-mêmes, tirent de cent façons différentes, et presque tous sont absolument des fous. » (*Frances Burney's, Diary.*)

---

[1] Schmidt. *Tableaux de la Révolution française*, t. I. La garde nationale, plus jacobine, était une fort mauvaise troupe.

« Que trouvez-vous dans un corps de garde? — Au dedans, des bouteilles, des verres, des fauteuils, des jeux de cartes, des dominos, des flacons d'eau-de-vie, des filles ; à la porte, une sentinelle frisée, musquée. » (*Almanach des grands hommes et des grandes choses.*)

Aussi la garde nationale fait-elle des banquets, des repas qui coûtent des sommes folles à la commune. Allez donc vous fâcher contre de semblables miliciens, contre de pareils patriotes qui écrivent :

« Tous nous avons promis à la patrie nos armes, à la loi notre soumission, au ciel notre liberté[1]. »

Cette minorité détient le pouvoir malgré les vœux de la véritable population parisienne, qui ne veut que la Constitution. Mais *la peur paralyse tout.*

« La majorité du peuple français soupirait après la royauté et la Constitution de 1790, dit Buzot[2] C'est à Paris surtout que ce vœu est le plus général. *Ce peuple est républicain à coups de guillotine.* Tous les vœux, toutes les espérances se portent vers la Constitution de 1791. »

« Je voudrais, dit Dutard, me rendre maître de Paris

---

[1] *Archives nationales :* C. 2. 435, 18 nov. 1790.
[2] *Mémoires,* t. I.

en huit jours et *sans coup férir*, si j'avais 6,000 hommes et un valet d'écurie de Lafayette pour les commander[1]. »

Si un ramassis de sanguinaires mène Paris, c'est que la peur règne en maîtresse.

Louis Blanc, qui a écrit l'histoire de la Révolution comme on écrit un roman, a osé dire : *La peur n'était pas de ce temps.* C'est un mensonge des plus grossiers. La peur était partout.

Ecoutez ce que dit Vaublanc[2].

« Les Jacobins, qui étaient habiles dans l'art qu'on appelle avec raison la *tactique* des assemblées, avaient remarqué l'effet des *appels nominaux* et en profitaient souvent. C'était *un spectacle déplorable que de voir sur les visages la terreur qui se manifestait à l'instant où il fallait prononcer le* oui *ou le* non. Si on avait voté alors, comme à présent, par boule noire ou blanche, les votes auraient été bien différents, et la mort du roi n'aurait été votée que par un petit nombre de députés. »

Dans une notice sur Buzot, Mme Roland a dit de la Convention que c'était une « *Assemblée de lâches que dominaient des brigands*[3] ».

C'est dans le procès du roi que la lâcheté et la peur sont dans le cœur du plus grand nombre. Les journaux en font foi, quand ils rendent compte de

[1] Rapport.
[2] *Mémoires du comte de Vaublanc.*
[3] Voir aussi les *Lettres de Mme Roland à Buzot*, publiées par C. A. Dauban, 1861.

la séance de la Convention du 10 janvier 1793 où la délibération sur le procès de Louis Capet est encore à l'ordre du jour :

« On procède à l'appel nominal sur cette troisième question : Quelle peine Louis, ci-devant roi des Français, a-t-il encourue ?

« CHAILLON, député de la Loire-Inférieure : « Je suis convaincu que mes commettants ne m'ont pas envoyé pour juger, mais pour faire des lois. Je tiens mon mandat d'hommes justes, ennemis de la tyrannie et qui auraient rejeté loin d'eux cette cumulation des pouvoirs. C'est donc comme homme d'État, et pour mesure de sûreté générale que je vote pour la réclusion d'abord, et pour le bannissement après la guerre. *Je m'oppose à la mort de Louis, précisément parce que Rome la voudrait pour le béatifier...* »

« LEQUINIO, député du Morbihan : « Je voudrais pouvoir condamner Louis à un supplice dont la durée servit longtemps d'exemple, en même temps qu'elle serait une grande leçon d'égalité ; l'on doit m'entendre : *ce sont les galères perpétuelles...* »

« ÉGALITÉ, député de Paris : « *Uniquement occupé de mon devoir*, convaincu que tous ceux qui ont attenté, ou attenteront par la suite à la souveraineté du peuple, méritent la mort, je vote pour la mort. » (Des rumeurs s'élèvent dans une partie de la salle.)

« CARNOT, député du Pas-de-Calais : « Dans mon opinion, *la justice veut que Louis meure, et la politique le veut également.* Jamais, je l'avoue, *devoir* ne pesa davantage sur mon cœur. Je vote pour la mort[1]. »

A côté du vote lâche du régicide Carnot on peut placer ces fières paroles de l'héroïque Lanjuinais,

---

[1] *La politique le veut également* est un fort joli argument! mais la suite : *jamais devoir ne pesa davantage sur mon cœur* réserve, autant qu'il se peut, l'avenir. Carnot n'a pas toujours eu autant d'adresse.

Ayant voté contre le consulat à vie et contre l'Empire, il était demeuré en disgrâce jusqu'en 1813. C'est alors qu'il devint gouverneur d'Anvers. Il ne parut pas d'abord garder rancune à l'Empire de la confiance que Napoléon lui témoignait.

« Monsieur le duc, écrivait-il au ministre de la guerre, j'ai l'honneur de vous accuser réception de la lettre par laquelle Votre Excellence m'informe que Sa Majesté a jugé à propos de me confier le gouvernement de la place d'Anvers. Je ne perdrai pas un instant pour m'y rendre dès que les lettres patentes me seront expédiées, conformément à l'article 4 du décret du 24 décembre 1811. Agréez, monsieur le duc, l'assurance de mon respectueux attachement. »

Il ne s'aperçut de la persistance de ses griefs contre Napoléon, des violences que l'Empereur lui avait fait subir que lorsque après un siège héroïquement soutenu il vit que Louis XVIII l'emportait. Alors il se hâta de proclamer les droits des descendants de Henri IV au trône de France. C'est ce qu'il appela plus tard *avoir aplani à Louis XVIII le chemin du trône,* phrase qui, dans la bouche d'un régicide, eût pu prendre une signification sinistre :

« Soldats, disait-il dans une première proclamation le 10 avril 1814, nous sommes restés fidèles à l'empereur Napoléon jusqu'à ce qu'il nous ait lui-même abandonnés. Il vient enfin de renoncer à un pouvoir *dont il avait si longtemps abusé*... Quant au nouveau souverain qui doit être bientôt proclamé, on ne peut raisonnablement douter que ce soit Louis XVIII. L'ancienne dynastie va reprendre ses droits ; les descendants d'Henri IV vont remonter sur le trône de leurs pères. »

« Cette proclamation, dit le *Temps* du 5 août 1890, n'était que le commencement de toute une série de négociations entamées entre

qui, isolé dans la Convention, n'eût pas pour cela une seconde de faiblesse, :

le gouvernement du comte d'Artois, lieutenant général du royaume, et le gouverneur d'Anvers. »

Le 18 avril nouvelle proclamation :

« Soldats,

« Aucun doute raisonnable ne pouvait s'élever *sur le vœu de la Nation française en faveur de la dynastie des Bourbons*; ce serait nous mettre en révolte contre *l'autorité légitime* que de différer plus longtemps à le reconnaître.

« Nous avons pu, nous avons dû procéder avec circonspection, nous avons dû nous assurer que le peuple français *ne recevait cette grande loi que de lui-même*.

« Un gouvernement établi dans une ville occupée par des armées étrangères avec lesquels il n'existe aucun traité de paix, a dû quelque temps nous inspirer des craintes sur la liberté de ses délibérations ; ces craintes sont dissipées par le *vœu unanime des villes éloignées du théâtre de la guerre*.

« Honneur à ceux qui ont su réprimer dans son élan un zèle indiscret, qui eût pu compromettre la discipline et la sûreté du dépôt qui nous est confié ! *L'avènement de notre roi au trône de ses ancêtres sera bien plus glorieux appelé par* L'AMOUR DES PEUPLES *que par la terreur des armes*.

« CARNOT. »

Ainsi l'officier de l'armée royale qui, entré à la Convention, avait dressé l'échafaud du roi en votant sa mort, le membre du comité de Salut Public qui avait signé l'arrêt de mort de tant d'illustres victimes, était redevenu royaliste comme en ses jeunes années.

Napoléon revient de l'île d'Elbe et Carnot, qui l'a lâché avec tant de désinvolture accepte de lui le ministère de l'intérieur. Après Waterloo, il recommence ses trahisons et, membre du gouvernement provisoire, oublie ses serments de ministre. Il faut, la Restauration accomplie, éviter l'exil. Carnot rappelle ses titres aux bontés de Louis XVIII dans un mémoire que publia, en 1815, le libraire Chaumerot, Palais-Royal, galerie d'Orléans. Carnot y prend les qualités de lieutenant général, chevalier de l'ordre royal et militaire

« Vous avez rejeté, s'écriait-il, toutes les formes que la justice et l'honnêteté exigeaient : la récusation et la forme silencieuse du scrutin, qui peut seule garantir la liberté des suffrages. On paraît délibérer ici dans une

de Saint-Louis, etc. On y trouve des passages intructifs comme les suivants :

« C'est ainsi qu'on fait débuter Louis au milieu de nous par le plus sanglant des outrages que pût recevoir un peuple aimant et sensible. Cependant nous n'avions pas calculé nos sacrifices pour recouvrer le fils de Louis IX et de Henri IV ; *nous lui avions aplani* (sic) *le chemin du trône*, en nous empressant d'adhérer... Le retour des Bourbons produisit en France un *enthousiasme universel* ; ils furent accueillis avec *une effusion de cœur inexplicable* ; *les anciens républicains* partagèrent sincèrement *les transports de la joie commune*. NAPOLÉON LES AVAIT PARTICULIÈREMENT TANT OPPRIMÉS, *toutes les classes de la société avaient si réellement souffert*, qu'il ne se trouvait personne qui ne fût réellement *dans l'ivresse* et qui ne se livrât aux espérances les plus consolantes. »

La courtisanerie de Carnot ne s'arrêtait pas là. Il lui fallait renier également son passé d'*ancien républicain*.

« Il est des personnes que le nom seul de liberté épouvante, parce qu'ils en jugent sur la *Révolution*, sans penser que cette *Révolution* au contraire, a été un *despotisme continuel*. »

Carnot fit des errata à son mémoire au roi. En voici un :

« Cet énoncé demande quelques explications. Il est des personnes qui ne distinguent rien, qui ne réfléchissent sur rien... Le sens que l'on attache trop légèrement au mot *révolution* est une source de préjugés et d'erreurs qu'il est temps de détruire. Ce mot ne doit signifier pour nous que le renversement du régime féodal, la suppression des abus et le règne de la loi mis à la place de l'arbitraire. Alors on voit que la révolution de France se fit toute entière sous l'Assemblée constituante.

« *Ainsi depuis 1792, nous avons presque toujours été en contre-révolution*, et c'est là ce qu'on a l'inconséquence d'appeler la Révolution..... »

De telle sorte qu'en moins d'un an le grand Carnot avait été impérialiste avant Fontainebleau, royaliste ardent jusqu'au retour de l'île d'Elbe, impérialiste pendant les Cent-Jours, puis de nouveau royaliste après l'entrée des alliés à Paris.

Convention libre, mais c'est sous les poignards et les canons des factieux. »

Merlin de Thionville s'écria un jour à la tribune même de l'Assemblée, dans la séance du 9 mars 1793[1] :

« Si, après que nos travaux seront terminés, me présentant un jour à la barre de l'Assemblée législative, on osait me dire que j'ai manqué de courage, je m'écrierais : Quel est celui qui ose m'accuser ? Quel est celui qui n'a pas été aussi lâche que moi ? »

Les féroces montagnards, qui faisaient couler le sang à flots, étaient aussi lâches, aussi peureux que les autres.

« *La terreur que nous inspirions,* écrit le conventionel Levasseur (de la Sarthe) *se glissait sur les bancs de la montagne comme dans les hôtels du faubourg Saint-Germain*[2]. »

« On tremblait, non seulement pour soi, mais pour les siens, mais pour ses amis, dit le conventionel Cochon de Lapparent[3]. »

« L'art de subjuguer une nation est dans l'art de la terrifier, dit le conventionnel Mercier[4]. La Convention a

---

[1] *Moniteur,* 22 ventôse an III (12 mars 1795).
[2] *Mémoires,* t. II.
[3] *Histoire secrète du Directoire,* par Fabre, t. II.
[4] *Le Nouveau Paris,* t. II.

été terrifiée par Robespierre. Que de législateurs n'auront d'autre excuse à alléguer dans la postérité que ces mots : « Nous étions terrifiés ; *les Romains ont bâti un temple à la Peur ; la nation française en masse lui doit un large autel.* »

« On croit, écrit le conventionnel Baudot[1], que nous avions un système, c'est une illusion. Nous obéissions fatalement à cette nécessité : *tuer pour ne pas être tués.* »

Le 31 mars 1794 (11 germinal), Camille Desmoulins, Lacroix, Philippeau, Danton sont arrêtés et le procès-verbal d'arrestation est signé : Billaud-Varenne, Barère, *Carnot*, Lebas, Louis, Vadier, *Robespierre*, Couthon, Collot-d'Herbois, Vouland, Jagot, Saint-Just, Amar, Bayle, la Vicomterie, Elie Lacoste (les loups se mangent entre eux) ! Un seul essaye de protester, c'est Legendre, le boucher. Mais il pâlit et appelle lâches ses complices quand Robespierre lui lance cette apostrophe : « Je déclare que quiconque tremble en ce moment est coupable ! »

Carnot, le grand Carnot, l'organisateur des grandes victoires de la grande république, *a eu peur*, lui aussi, peur de quelques braillards, des poignards levés. Il a voté *la mort du roi par devoir* et cependant, il avouait plus tard ingénument que « Louis XVI

---

[1] *La Révolution*, par Edgar Quinet.

eût été sauvé, si la Convention n'eût pas délibéré sous les poignards[1] ».

Voilà un homme que l'histoire a sacré grand homme sans doute parce qu'il fut successivement républicain, impérialiste, royaliste (les royalistes d'alors n'étaient pas difficiles), qui ne fit pas son devoir dans une Assemblée, qui laissa assassiner un roi, par peur, par couardise. Il est vrai que si le roi n'était pas mort, la République troisième n'aurait peut-être pas son petit-fils pour président.

Admirez aussi ce poltron de Vergniaud, disant à M. de Ségur : « Moi, je voterai la mort du roi ! mais c'est m'insulter que de me croire capable d'un acte aussi indigne. » « Je resterais, ajoutait-il, seul de mon opinion que je ne voterais pas la mort[2]. »

Et le lendemain, devant les hurlements et les

---

[1] Voir ses *Mémoires* et rapprocher des termes dans lesquels ce grand-père de président de République motiva son vote. Guizot a dit de Carnot qu'il était aussi honnête *que peut l'être un fanatique badaud*. — *Mémoires*, t. II.

Rouget de l'Isle avait été plus sévère encore dans sa lettre du 15 thermidor an V :

« ... Je vous avouerai que dans ce moment tous les partis me paraissent être la dupe d'un seul homme.

« Je vous avouerai que toutes ces convulsions, dont les suites peuvent être si désastreuses, me paraissent résulter des machinations infernales de ce même homme que je regarde comme le plus lâche, le plus astucieux, le plus féroce des scélérats qui ont égorgé la France.

« Et cet homme, c'est Carnot. »

[2] Philippe de Ségur. *Mémoires*, t. 1.

vociférations des tribunes, il vote la mort et pour excuser sa caponerie il dit : « qu'il n'a pas cru devoir mettre en balance la chose publique avec la vie d'un seul homme [1] ».

---

[1] On a besoin de se rappeler ici certains traits d'héroïsme pour se réconcilier avec l'humanité.
En 1792, au mois de décembre, le comte de Roffignac adressait au Président de la Convention la lettre suivante :

« Monsieur le président,

« Les papiers publics aprènent que la *convocation-nationale* (sic) ait le procès du Roy de france; qu'il avait été interrogé à la Barre, et que MM. de Malerbes (sic) et de Tronchet étoient ses conseils pour sa deffence, jignore les suites d'une procedure aussi extraordinaire en france et joffre à la convocation nationale, en cas que Louis XVI soit condamné à mourir, *de subir la mort à sa Place*; par ce moyen la france évitera le reproche que l'on fait encore à l'angleterre d'avoir par un esprit de party sacriffié Charles I et j'aurai rempli un devoir que beaucoup d'autres en vie.
« Pour éviter tous retardements dans ce que je propose, je suis prêt à me rendre en france, me constituer prisonnier dans telle prison il plaira à la convocation nationale d'indiquer et pour cet effet jattendrai à Yerun la raiponce qui sera faite à ce sujet, afin qu'à l'instant je passe remettre ma personne entre les mains de ceux qui seront préposés pour s'en assurer.

« RÉNÉ. comte de ROFFIGNAC.

« Yerun est le bourg despagne le plus prêt de la Bidassoa et le plus à portée de france.

« Madrid. 25 décembre 1792. »

(Lettre inédite vendue le 27 novembre 1888 par les soins de M. Etienne Charavay.)
Il faut dire que la Convention nationale ne fit point du tout mention (et pour cause) de la pétition du comte de Roffignac, mais il faut ajouter qu'on trouva le moyen de l'arrêter à Madrid le 5 thermidor an VI, sous le prétexte, non prouvé, qu'il avait insulté l'ambassadeur de France. C'était la récompense de son dévouement.

C'est le même Vergniaud qui, le 31 mai 1793, pendant que les sections de Paris demandaient la proscription des Girondins et s'étaient insurgées, rédige et fait adopter le projet suivant :

La Convention décrète *à l'unanimité* que *les sections de Paris ont bien mérité de la patrie* pour le zèle qu'elles ont mis aujourd'hui à *rétablir l'ordre*, à faire respecter les personnes et les propriétés, et à *assurer la liberté et la dignité de la Convention nationale*.

La Convention invite les sections à continuer leur surveillance jusqu'à l'instant où elles seront averties, par les autorités constituées, du retour du calme et de l'ordre public.

La Gironde, la Plaine et la Montagne adoptèrent ce décret à l'*unanimité*.

Jamais la lâcheté n'avait été si loin. Les sans-culottes[1] allaient être contents.

---

[1] On ignore assez généralement l'origine du mot *sans-culottes*. « Ce fut dans l'assemblée électorale de la Sainte-Chapelle que le sans-culottisme prit naissance et voici à quelle occasion. Un électeur de la section de l'Observatoire, dans le faubourg Saint-Jacques, s'exprimait, en repoussant une proposition très constitutionnelle, en termes aussi incorrects que peu mesurés. Le costume de l'opinant répondait parfaitement à son langage. Un autre électeur, humilié peut-être et fatigué de toutes ces inconvenances, se lève et dit : « Président, retirez donc la parole à ce *sans-culotte*. » Effectivement, l'orateur n'avait qu'un pantalon de grosse toile, dont les taches et les trous n'annonçaient ni le soin ni l'aisance. Ce mot fut recueilli avec enthousiasme par les Jacobins. Dès le lendemain, plusieurs d'entre eux, vêtus ordinairement avec élégance et recherche, parurent avec des pantalons dans l'assemblée électorale, où l'on fit circuler des couplets en l'honneur du *sans-culottisme* (abbé Georgel, *Mémoires*).

Les délégués de la Commune en furent médusés, stupéfiés, ils ne pouvaient en croire leurs yeux et leurs oreilles et voici comment ils annoncèrent la chose aux meneurs de l'Hôtel de Ville :

« Nous vous prévenons que, sur la proposition de Vergniaud, *ce qui vous étonnera peut-être*, la Convention nationale vient de décréter à l'instant que les Sections de Paris, dans les mesures prises pour sauver la chose publique, avaient bien mérité de la patrie [1] ! »

Une autre fois, à propos de la conjuration du 10 mars, le même grand patriote Vergniaud dénonce la chose comme venant des aristocrates, car, dit-il, « il n'a pas voulu nommer les vrais conspirateurs, de *peur de trop aigrir* des hommes violents et déjà portés à tous les excès [2] ».

Barbaroux est encore plus lâche et plus plat : il dit qu'il faut voter la mort parce que c'est fermer la bouche aux jacobins qui le calomnient.

Plus on a peur, plus les adversaires ont de l'aplomb et de la témérité. C'est une compensation logique. Au sujet du procès de Louis XVI, Doulcet de Pontécoulant écrit [3] :

« C'est alors qu'on vit la Montagne user de tous les

---

[1] Dépêche écrite de la Convention et signée : *Naudin, Garelle, Cavaignac, Henry.* (Archives nationales.)
[2] Louvet. *Mémoires.*
[3] *Mémoires.* t. I.

moyens d'intimidation qu'elle savait si bien mettre en œuvre, remplir les tribunes de ses satellites qui se désignaient à haute voix chaque député, à mesure qu'il montait au bureau du président pour motiver son vote, et qui poursuivaient de hurlements féroces chacun de ceux qui ne votaient pas pour la mort immédiate et sans restriction. »

Il y en a d'autres qui par peur ne disent rien, s'effacent le plus possible, se font tout petits. Durand de Maillane et les cinq cents députés de la Plaine prennent la résolution de « se tenir constamment à l'écart sous l'égide de leur silence et de leur nullité ». Le peuple les appelle les « *crapauds du marais* ». Mme Roland écrit d'eux : « Ils laissent voir sur leur visage la pâleur de la crainte ou l'abandon du désespoir [1]. »

Sous un regard de Robespierre, « leur cœur est maigri d'épouvante », dit Dussaulx [2].

Le ministre Roland, qui a été à même de bien connaître ces honnêtes modérés, tient sur eux ce langage [3] :

« Les uns, dit-il, craignaient les poignards dont j'étais moi-même menacé ; les autres, se croyant quelque popularité, craignaient de la compromettre. On prétextait

---

[1] *Mémoires.*
[2] *Fragments pour servir à l'histoire de la Convention.*
[3] *Mémoires de Mme Roland*, note de F. Barrière.

quelquefois la nécessité de conserver son influence pour des circonstances importantes. Quelquefois aussi on affectait de dire et on le disait de bonne foi : « Qu'importe ? Il faut les laisser dire, il ne faut pas les irriter. Ils se font connaître, ils s'usent. » Il n'est pas d'ineptie ou de *faiblesse* dont je n'aie été témoin et patient. J'ai honte de le dire, et j'en ai le cœur navré, *je n'ai pas un homme à citer ;* tous déplorant le sort des choses, voyant l'avenir sous des couleurs telles que pouvaient les faire peindre ou présager les circonstances, mais trop atterrés du présent *ne trouvant plus dans leur âme un seul ressort :* ce n'était que *la pâleur de la frayeur* et l'abandon du désespoir [1]. »

« Oh ! s'écrie Mme Roland, s'ils avaient eu mon courage ; ces êtres *pusillanimes* (il s'agit des députés girondins), ces *hommes qui n'en méritent pas le nom,* dont la faiblesse se couvre du voile de prudence ! Ils ont temporisé avec le crime, *les lâches*, ils devraient tomber à leur tour ; mais ils *tombent honteusement,* sans être plaints de personnes, et sans autre perspective dans la postérité que son parfait mépris. »

Il est bien entendu que la religion fut une des premières puissances à laquelle les révolutionnaires attaquèrent.

Par décret du 4 avril 1792, toutes les congrégations séculières ou ecclésiastiques telles que les prêtres de Saint-Sulpice, de l'Oratoire, de Saint-Lazare, du

[1] *Mes dernières pensées, Mémoires de Mme Roland.*

Saint-Esprit, des Missions étrangères, du Saint-Sacrement, des sociétés de Sorbonne et de Navarre, les ermites de Sénart, du Mont-Valérien, les frères des Écoles chrétiennes, en un mot toutes les réunions d'hommes et de femmes furent supprimées du coup.

Comme pour le reste, les révolutionnaires ne s'inquiétèrent guère si la majorité aimait ou non la religion de ses pères.

On sait que la suppression de tout exercice public du culte catholique fut un des desseins de la Révolution que les Jacobins poursuivirent le plus ardemment, croyant en cela arriver sûrement à la destruction de la religion elle-même[1].

Mais les décrets de la Convention trouvèrent, au sujet de l'interdiction des processions, une résistance extraordinaire, même à Paris.

Parmi les papiers longtemps inédits de la police secrète de Paris, qu'a publiés M. Schmidt, il existe des notes extrêmement curieuses sur les proces-

---

[1] Ils allèrent jusqu'à faire la Bourse d'une église.
Quand vint la Terreur, la Bourse fut, comme toutes les institutions du temps, persécutée, frappée, démolie, on la chassa de son palais, comme on avait chassé Louis XVI de Versailles et des Tuileries. Ainsi traitée, la Bourse alla s'établir aux Petits-Pères, dans l'église même. Les anciens chrétiens convertissaient les basiliques romaines, leurs Bourses ou Bazars en églises. Pendant la Révolution, le contraire eut lieu. Les négociants, les *agioteurs*, les accapareurs firent d'une église leur rendez-vous commercial. La foule des vendeurs ou acheteurs de rente inonda la nef et les bas-côtés; les commis et préposés eurent entrée au chœur, les agents de change siégèrent dans l'abside en guise de vicaire, et leur syndic tint la place du curé

sions publiques du Saint-Sacrement qui se firent à Paris, le jeudi 30 mai 1793, jour de la Fête-Dieu.

Ces notes sont signées du citoyen Dutard, ancien avocat, enrôlé par Garat, membre de la Convention et ministre de l'intérieur, dans la police secrète, le 30 avril 1793 et dont j'ai plusieurs fois déjà cité les curieux rapports.

Dutard était peut-être un sans-culotte éprouvé, mais il était, à coup sûr, intelligent et plein de bon sens.

Le 25 mai, il adressait à Garat un rapport ainsi conçu :

« La Fête-Dieu approche.

« Rappelez-vous, citoyen ministre, que c'est à cette époque, l'an passé, que Pétion, le *Dieu du peuple*, fut accueilli à coups de pierres par les sans-culottes de la section des Arcis, pour avoir déclaré dans une ordonnance qu'on serait libre, ce jour-là de travailler, ou de ne pas travailler. Rappelez-vous qu'à la même époque, les sans-culottes de Paris délibérèrent pendant quelques jours s'ils devaient ou non *lapider* Manuel, pour avoir osé imprimer qu'on serait libre de tapisser ou non ; que, ce jour-là, des hommes qui, par opiniâtreté ou par irréligion, n'avaient pas tapissé reçurent de bons coups de bâton.

« Je ne sais si c'est *fanatisme* de la part du peuple, qui veut unanimement une chose qui lui fait plaisir et à laquelle il est attaché, ou si ce n'est pas une *infamie* stupide et aveugle de la part des représentants de ce même peuple qui contrarient absolument tous ses goûts et des penchants dont cent années de Révolution ne sauraient le délivrer. »

La procession dont le sans-culotte Dutard prenait si chaudement la défense se fit, en effet, à l'extérieur, grâce peut-être à l'impression que ce rapport avait produit sur le ministre Garat.

Dutard en rend compte dans une nouvelle note adressée, comme la première, au ministre.

« Mes premiers regards se sont portés, en ce jour de la Fête-Dieu, vers les processions et les cérémonies du jour. Dans plusieurs églises, j'ai vu beaucoup de peuple et surtout les épouses des sans-culottes. On avait la procession *intra muros*.

« J'arrive dans la rue Saint-Martin, près de Saint-Merry : j'entends un tambour et j'aperçois une bannière. Déjà, dans tout le quartier, on savait que la paroisse Saint-Leu allait sortir en procession.

« J'accourus au-devant ; tout y était modeste. Une douzaine de prêtres, à la tête desquels était un vieillard respectable, le doyen, qui portait le *rayon* sous le dais. Un suisse de bonne mine précédait le cortège ; une force armée de douze volontaires à peu près, sur deux rangs, devant et derrière.

« Une populace nombreuse suivait dévotement.

« Tout le long de la rue, tout le monde s'est prosterné. Je n'ai vu un seul homme qui n'ait ôté son chapeau.

« Lorsqu'on a passé devant le poste de la section

Bon-Conseil, toute la force armée s'est mise sous les armes.

« Quand le tambour qui précédait et les gens qui suivaient ont annoncé la procession, quel a été l'embarras de nos citoyennes de la halle ! Elles se sont concertées à l'instant pour voir s'il n'y aurait pas moyen de tapisser avant que la procession passât. Une partie se sont prosternées d'avance à genoux, et enfin, lorsque le bon Dieu a passé, toutes à peu près se sont prosternées. Les hommes ont fait de même. Des marchands ont tiré des coups de fusil en l'air. Plus de cent coups ont été tirés. Tout le monde approuvait la cérémonie et aucun que j'aie entendu ne l'a désapprouvée.

« C'est un tableau bien frappant que celui-là. J'ai vu dans des physionomies les images parlantes des impressions qui se sont fait si vivement sentir au fond de l'âme des assistants. J'y ai vu le repentir, le parallèle que chacun fait forcément de l'état actuel des choses avec celui d'autrefois. J'ai vu la privation qu'éprouvait le peuple par l'abolition d'une cérémonie qui fut jadis la plus belle de l'Eglise. J'y ai vu aussi les regrets sur la perte des profits que cette fête et autres valaient à des milliers d'ouvriers. Quelques personnes avaient les larmes aux yeux. Les prêtres et le cortège m'ont paru fort contents de l'accueil qu'on leur a fait partout.

« *J'espère*, citoyen ministre, *que vous ne laisserez pas cet article sur votre cheminée*[1].

« Dutard. »

---

[1] Dutard tremblait lui aussi que ses rapports ne passassent sous d'autres yeux que ceux de Garat (Schmidt, II, 6. Dutard, 30 mai, 6 et 7 juin).

Ainsi voilà le langage qu'un agent révolutionnaire était amené à tenir en pleine Terreur, témoignant sans détour du profond et pur attachement que le peuple gardait toujours pour le culte proscrit par une poignée d'énergumènes.

Le peu de tolérance qu'on trouvait chez les gouvernants en 1793 était épuisé l'année suivante et, le 29 janvier 1794, la société populaire de la section de l'Arsenal se plaint à la commune de ce que les bouchers, paraissant respecter un bizarre usage de ne pas vouloir manger gras certains jours de la semaine, n'ouvrent pas leurs boutiques les ci-devant vendredis.

On ne détruit pas aisément, même par une Révolution, les habitudes religieuses d'un peuple. La Convention put reconnaître, et par plus d'un exemple, que le repos et le respect du jour du Seigneur continuaient d'être observés, bien qu'elle en eût décrété la suppression et qu'elle eût substitué aux dimanches ses fantaisistes décadis, *Cuve*, *Pioche* ou *Fléau*. Tout d'abord on demeura libre de chômer ou non les jours de décade. Bientôt on déclara suspects, — et l'on sait ce que cela signifiait, — ceux qui avaient l'audace de travailler le décadi, ou d'être mis convenablement les jours correspondant au dimanche.

L'avant-veille, le 26 nivôse, une députation de la section de Bon-Conseil avait demandé à la Commune une interprétation plus douce de l'arrêté ordonnant aux marchands de fermer boutique les jours de décade, « beaucoup de sans-culottes étant obligés d'attendre à ce jour pour faire leurs provisions ». La veille, 27 nivôse, une lettre adressée à la Convention observait que certains villageois n'allaient point au marché les jours de décade, et que d'autres refusaient d'y porter leurs denrées quand le jour du marché tombait un dimanche.

« Ce qu'il nous faut, ajoutait-on, ce ne sont pas des marchés catholiques, mais des marchés républicains. »

C'était surtout en prison, que l'on était heureux de pouvoir quelques fois retrouver un de ces bons prêtres, de ces vénérables abbés qui donnaient la bénédiction au moment de partir pour la place de la Révolution. Combien regrettèrent alors de ne les avoir pas défendus. M. de Saint-Méard, prisonnier à l'Abbaye, trace ainsi le tableau d'une scène religieuse bien émouvante dont il a été le témoin [1] :

« A dix heures du soir, l'abbé L'Enfant, confesseur du roi, et l'abbé Chapt de Rastignac parurent dans la tribune de la chapelle qui nous servait de prison, et dans laquelle ils étaient entrés par une porte qui donne sur l'escalier. Ils nous annoncèrent que notre dernière heure approchait, et nous invitèrent à nous recueillir pour recevoir leur bénédiction. Un mouvement électrique qu'on ne

---

[1] *Relation des massacres de Septembre.*

peut définir nous précipita tous à genoux, et, les mains jointes, nous la reçûmes... A la veille de paraître devant l'Etre suprême, agenouillés devant ses deux ministres, nous présentions un spectacle indéfinissable : l'âge de ces deux vieillards, leur position au-dessus de nous, la mort planant sur nos têtes et nous environnant de toutes parts, tout répandait sur cette cérémonie une teinte auguste et lugubre ; elle nous rapprochait de la divinité, elle nous rendait le courage ; tout raisonnement était suspendu, et le plus froid et le plus incrédule en reçut autant d'impression que le plus ardent et le plus sensible. Une demi-heure après, les deux prêtres furent massacrés, nous entendîmes leurs cris. »

La liberté aussi, les révolutionnaires l'ont confisquée à leur profit. On possédait une liberté plus grande sous l'ancien régime que pendant la Terreur.

« Pendant vingt-cinq ans, écrit Rétif de la Bretonne [1], j'ai vécu à Paris, *plus libre que l'air*. Deux moyens suffisaient à tous les hommes pour y *être libres comme moi* : avoir de la probité et ne point faire de brochures contre les ministres. Tout le reste était permis, et jamais ma liberté n'a été gênée. Ce n'est que depuis la Révolution qu'un scélérat est parvenu à me faire arrêter deux fois. »

On fut si lâche, si trembleur, que le domicile privé devint même violable. On entrait là comme chez soi, même dès 1791.

[1] *Nuits de Paris*, la onzième nuit, page 36.

« Sur une dénonciation dont je connais les auteurs, écrivait Mallet Dupan [1], la section du Luxembourg envoya le 21 juin, jour du départ du roi, un détachement militaire et des commissaires dans mon domicile. Nulle décision juridique, *nul ordre légal*, soit de la police, soit d'un tribunal, soit d'un juge de paix, nul examen quelconque ne précéda cette expédition…. Les employés de la section visitèrent mes papiers, mes livres, mes lettres, transcrivirent quelques-unes de celles-ci, *emportèrent copie et originaux* et apposèrent sur le reste des scellés qu'ils laissèrent sous la garde de deux fusiliers. »

A côté des névrosés, des ambitieux, des lâches, il y eut les affiliés des sociétés secrètes qui menèrent Paris. Il est difficile d'ignorer aujourd'hui que la Révolution et la Terreur furent le triomphe des sociétés secrètes, qui enveloppaient de leur réseau la France entière [2]. Les francs-maçons avaient préparé le mouvement depuis longtemps ; ils fournirent à la Révolution jusqu'à sa fameuse et menteuse devise : *Liberté, Egalité, Fraternité*. Un historien, lui-même affilié à la secte, a dit vrai quand il a écrit : « *La franc-maçonnerie fut le laboratoire de la Révolution* [3]. »

---

[1] *Mercure de France*, 3 septembre 1791.

[2] Paris comptait alors quatre-vingt-une loges et la France plus de quatre cents. (*Tableau alphabétique de la correspondance des loges du Grand Orient de France.*)

[3] Henri Martin.

Du reste, pour faire partie des sections, ou de certaines sociétés, il fallait donner des preuves de civisme : c'étaient, dans le plus grand nombre de cas, des actes ignobles ou sanguinaires.

Dubois-Crancé, pérorant un jour à la tribune des Jacobins [1], proposa à ses collègues de ne recevoir de nouveaux membres qu'après leur avoir adressé cette question : « Qu'as-tu fait pour être pendu, si la contre-révolution avait lieu ? »

Il n'y avait plus de gouvernement possible. C'était partout, dans les pouvoirs publics, le chaos, l'anarchie, la bêtise, le désordre. Les ministres en étaient arrivés, sous la Convention, à être à la fois les très humbles serviteurs de l'Assemblée, du comité de Salut public, du comité de sûreté générale, des sections et, ma foi, même de chacun des représentants.

Mme Roland cite le fait suivant :

« Collot-d'Herbois s'était rendu ivre chez le ministre de l'intérieur, entre quatre et cinq heures, au moment où tous les gens de travail viennent de quitter leurs bureaux pour chercher à dîner ; il allait demander des voitures, dont ce ministre ne dispose pas. Furieux de ne point trouver Garat, il jure, fulmine, rompt des pieds de chaises et de tables, va chez le premier commis Champagneux, l'injurie, fait ouvrir les paquets disposés pour

---

[1] *Essais historiques* de Beaulieu.

être envoyés à la poste, trouve mauvais ce qu'ils renferment : c'était une espèce de Mémoire, en forme de questions, destiné à se procurer des lumières sur l'état des campagnes. Il arrange, dans sa tête enflammée, une dénonciation qu'il fait le lendemain à l'assemblée, et sur laquelle on décrète que Garat et Champagneux seront traduits à la barre de la Convention.

« Garat vient à la barre, ne se plaint point de Collot, explique doucement sa conduite, *flagorne l'auguste assistance* et est renvoyé à ses fonctions [1]. »

Qui, d'ailleurs, s'occupe du peuple ? Pour être l'ami des rois du jour, il suffit de se dire *patriote*. Cela ne veut rien dire et cela répond à tout.

« Robespierre faisait, un jour, l'éloge d'un nommé Desfieux, homme connu par son improbité et qu'il a sacrifié dans la suite. « Mais votre Desfieux, lui dis-je, est connu pour un coquin. — N'importe, c'est un bon patriote. — Mais c'est un *banqueroutier frauduleux*. — C'est *un bon patriote*. — Mais c'est un *voleur*. — C'est *un bon patriote*. » Je n'en pus arracher que ces trois paroles. »

[1] *Mémoires.*

II

LA MISÈRE

Les accapareurs. — Les colères populaires. — La loi contre les accaparements. — La recette des émeutes. — Le manque de pain. — La chasse aux farines. — La queue chez les boulangers. — Le prix des denrées. — La vie des pauvres d'après les rapports de police. — Le Carême civique. — Paris affame Evreux. — Le comité du Salut public réquisitionne les blés de Chartres. — La famine à Paris. — On se bat pour la vie. — Les restaurateurs. — Le luxe des restaurants. — Où soupent les maîtres de Paris. — Méot. — Cypris et l'amour. — Les jurés du tribunal révolutionnaire. — Un dîner de Barère. — Les menus d'Antonelle. — Les contes de Louvet. — Les mots de Buzot. — Un aveu de Danton.

Durant la Révolution et la Terreur, les accapareurs ont provoqué en France nombre de drames et d'émeutes. Il ne s'agissait pas alors seulement de l'accaparement des matières premières indispensables à l'industrie, mais bien du pain lui-même, nécessaire à la vie de chaque jour.

A la suite de manœuvres criminelles, tous les objets de la plus pressante nécessité : le pain, le café, la chandelle, le sucre, le savon, se trouvaient avoir doublé de prix, sans que le peuple vît augmenter ses salaires et pût même avoir toujours la certitude d'obtenir du travail. La misère était extrême.

Aussi la rue grondait-elle sourdement, comme ces terrains volcaniques que l'approche d'une formidable explosion rend vacillants et sonores.

La populace criait brutalement sus aux accapareurs, aux gros marchands, à tous ceux que son instinct lui désignait[1]. Elle demandait les répressions les plus sanglantes, les plus farouches contre ceux qu'elle accusait d'être les auteurs de tous ses maux.

Ce fut principalement en 1792 et au commencement de 1793, dans les assemblées des 48 sections, que les pauvres gens exposèrent leur misère et dirent combien ils avaient le sentiment profond des injustices de la société.

---

[1] Un témoin, l'Américain Morris, écrit :

« ..... La population a pendu ce matin un boulanger et tout Paris est en armes. Le pauvre boulanger a été décapité suivant l'usage, puis promené en triomphe dans Paris. Il avait travaillé toute la nuit pour vendre tout le pain possible ce matin. On dit que sa femme est morte d'horreur quand on lui a présenté la tête de son mari au bout d'une pique. Certainement il n'est pas dans l'ordre de la divine Providence que de telles abominations restent impunies.

..... Une fois enlevé le poids du despotisme, toutes les passions reprennent leur énergie particulière. Comment se terminera cette lutte ? Dieu le sait ; mal, j'en ai peur, c'est-à-dire par l'esclavage. »

The Diary and letters of Gouverneur Morris, edited by Anne-Cary Morris, 2 vol. New-York. 1888.

Le malheur est que leur colère se trompait souvent ou plutôt que ceux sur qui en eût pesé le poids en toute justice savaient les tromper et les lancer sur les aristocrates, prétendus coupables des méfaits commis par les révolutionnaires intéressés à ce que se perpétuassent la révolution et l'anarchie [1].

La Commune voulut réprimer ces désordres, la Convention voulut intervenir, mais le peuple criait sur le passage des nombreuses patrouilles : A bas les baïonnettes ! Dans les tribunes de l'Assemblée, le peuple interrompait les orateurs, protestait énergiquement contre toute sorte de répression et demandait la peine de mort contre les accapareurs.

A l'une des séances de la Convention, une députation des habitants du faubourg Saint-Antoine se présenta à la barre de l'Assemblée et un des orateurs improvisés s'exprima de la façon suivante :

« Nous dénonçons ici les accapareurs en tout genre. Jusqu'aux denrées de première nécessité, tout est sous la

---

[1] Si l'on ouvre les journaux et les brochures écrits par les hommes de la Révolution, on n'y trouve que des malédictions et des cris de haine contre « les *accapareurs* ».

Aujourd'hui que l'histoire a enregistré tant de ces confidences et d'aveux, il est facile de dévoiler ces hommes qui ne sont autres que les révolutionnaires eux-mêmes et qui, émissaires occultes de la coterie du Palais-Royal, avaient pour mission d'affoler et de terroriser la France.

Pour en être convaincu, il suffit de lire l'article 2 des statuts du *Club des enragés*, qui avait son siège au Palais-Royal :

« Il est ordonné de mettre tout en œuvre pour que la disette « du pain soit totale et pour que la bourgeoisie, comme la classe « populaire, soit forcée de prendre les armes. »

main avide des assassins du peuple. Ces brigands parlent propriété ; cette propriété, n'est-elle pas un crime de lèse-nation ? Au récit de la misère publique, le tocsin de l'indignation contre ces mangeurs d'hommes ne sonne-t-il pas dans vos cœurs sensibles ? Le commerce languit, et s'il a donné quelque signe de vie, c'était l'effet de l'accaparement.

« De tous les coins de l'empire, le peuple, qui n'a d'autre nourriture qu'un pain trempé de ses sueurs et de ses larmes, vous crie : Loi de mort contre les accapareurs ! loi de mort contre les fonctionnaires qui protègent l'accaparement ! mort aux conspirateurs qui provoquent l'incendie, le pillage et le meurtre ! mort à ces favoris du monopole qui, désespérés de voir le peuple et le maire de Paris unis par le patriotisme et l'amour de l'ordre, infectent la capitale de leurs placards bleus, cherchent à flétrir de leur haleine impure la couronne des magistrats citoyens, et ne s'agitent avec tant de fureur que pour voir une seconde fois le drapeau rouge annoncer ces jours d'horreur et de sang ! Mort surtout aux bandits gagés par les aristocrates, qui, sous la livrée honorable du peuple, insultent aux lois, et demandent à grands cris le massacre et la guerre civile[1] ! »

Le président accorda les honneurs de la séance à cette députation, qui traversa la salle au milieu des applaudissements répétés de l'Assemblée et des tribunes. La Convention accorda de plus aux ci-

---

[1] *Dictionnaire parlementaire de la France*, depuis 1787 jusqu'à nos jours, par Maurot et Messager.

toyens du faubourg Saint-Antoine une mention honorable.

Quatre mois après, la *question des accaparements* devait revêtir un caractère particulièrement terrible.

Le conventionnel Debry, dans la séance du 5 décembre 1792, raconta ce fait odieux : Un laboureur s'était présenté au marché de Gonesse avec du blé et un inconnu lui avait offert 30 livres de la mesure, que le cultivateur laissait à 29 livres.

D'autres conventionnels signalèrent des faits analogue d'accaparement de toute espèce de marchandises sous le fallacieux prétexte des besoins des armées de la République[1].

Le conventionnel Thuriot demanda que la Convention décrétât la peine de six années de fer contre tous ceux qui faisaient volontairement hausser le prix des denrées.

Un membre de la Convention, dont malheureusement le nom n'est pas passé à la postérité, fit cette brève et terrible motion :

[1] On ne facilitait pas les approvisionnements par les mesures que nous rapporte La Harpe.

« On n'oubliera pas, écrit-il, comment Lebon et presque tous les commissaires traitaient les pauvres gens qui osaient s'endimancher, qui ne célébraient pas la décade. La tyrannie fut poussée au point que, quand les habitants de la campagne venaient, les jours de marché, apporter leurs denrées dans les villes, ils étaient chassés outrageusement par les autorités constituées et menacés de la prison et de la confiscation de leurs denrées, s'ils ne revenaient pas au jour marqué par la décade, surtout si ce jour était un dimanche..... »

(*Du fanatisme dans la langue révolutionnaire.*)

« *Je demande la peine de mort contre les accapareurs.* »

Le décret voté par acclamation au milieu des applaudissements, donna la définition suivante de l'accaparement :

« *Action de dérober à la circulation des marchandises ou des denrées de première nécessité, en les tenant renfermées dans un lieu quelconque sans les mettre en vente journellement et publiquement*[1]... »

Cette loi si sévère ne fut que rarement appliquée sous la Terreur[2].

Peu de jours avant la chute des Girondins, l'observateur Dutard expliquait au ministre Garat comment la faction montagnarde s'y prenait pour faire éclater une émeute à un moment donné, en organisant la disette sur des objets de première nécessité[3]. La chose était aisée. On faisait épuiser les

---

[1] Il faut remarquer qu'aucune loi n'a, depuis cette époque, réellement supprimé cette loi draconienne. Les législateurs de la troisième république, si habiles à exhumer les vieux textes datant de Louis XIV contre de pauvres curés auraient pu se servir de cette loi contre les riches accapareurs de l'année du centenaire.

[2] En province, les *accapareurs* étaient aussi misérables et aussi détestés qu'à Paris :
« Je crois, écrit Haupt, qu'il faut suivre ici l'avis de Marat, et qu'il faut ériger une centaine de potences, s'il n'y a pas assez de guillotines pour couper la tête aux accapareurs. Je contribuerai au moins tout le possible pour avoir le plaisir de voir jouer à la main-chaude un de ces j..... f..... »
(*Archives des affaires étrangères*, t. 1411, lettre de Haupt, Belfort, 29 brumaire an II.)

[3] *Rapports de Police aux Archives nationales.*

marchandises chez les débitants par des affidés, puis d'autres allaient piller des magasins en gros, que l'on supposait bien cachés, *mais qui ne l'étaient pas pour la faction*. On employa la même tactique lors des insurrections organisées par les Jacobins en germinal et en prairial an III[1].

Les documents sont d'ailleurs très nombreux sur la condition misérable des armées et du peuple à Paris pendant toute la durée de la Révolution.

On possède, sur l'affreuse misère parisienne, un témoignage qui ne peut être suspect. C'est celui de Moray, ouvrier laborieux et honnête, qui était devenu le distributeur du journal de Babeuf.

Lors du procès de Vendôme, Moray racontait en ces termes les souffrances du peuple de Paris :

« Citoyens, le peuple manquait de pain dans ces temps-là. Il y avait cependant du pain chez les boulangers, chez les traiteurs ; il y en avait chez les pâtissiers, chez les marchands de vin, chez les charbonniers ; tout en était rempli. Mais ce n'était plus du pain à trois sous, c'était du pain à 80, 150, 200 francs (en assignats). Un ouvrier gagnait cent francs par jour ; on lui donnait trois quarterons de pain. Le matin, la femme allait chercher ce pain, qui était tout bouillant ; on avait tout mangé avant d'aller à sa journée. Il fallait se nourrir le reste du jour avec des pommes de terre. Le soir, quand il rentrait, il disait : « Ma pauvre femme, je n'en peux plus ; voilà

---

[1] « Pierre Baille était proconsul à Toulon, d'où il écrivait : « *Tout va bien* ici, *le pain manque.* » (Barbaroux. *Mémoires.*)

encore des draps, allons les vendre! » On allait vendre ses effets; que dis-je? On allait les donner à un agioteur, qui les achetait pour rien. — J'ai acheté, en 1791, une couverture de quarante francs. Pour un ouvrier, c'est quelque chose de beau. En cinq années de temps, une couverture ne perd pas la moitié de sa valeur. Eh bien! cette couverture que j'avais achetée quarante livres, je l'ai vendue 1,200 livres en assignats; et avec ces 1,200 livres j'ai eu douze livres de pain, ce qui valait à peu près trente-six ou quarante sous. »

Les plus à plaindre, certes, étaient les ouvriers laborieux ou paisibles, qui ne se mêlaient pas de politique.

En mai 1793, l'ouvrage manque, les denrées sont chères[1], il ne vient au marché de Poissy que quatre cents bœufs, au lieu de huit mille. Les bouchers déclarent que la semaine suivante il n'y aura de viande à Paris que pour les malades. L'eau-de-vie a triplé de prix[2].

En 1792, les denrées sont déjà très élevées. En 1793, elles deviennent hors de prix pour le pauvre peuple. Au lieu de 50 francs, le sac de blé vaut à Paris, en février 1793, 65 francs; en mai 1793, 100 francs; en juin, 145, puis 150 francs.

---

[1] Schmidt, tableaux, etc. 1. 1er mai 1793.

[2] Depuis la ruine de Saint-Domingue et le pillage des épiceries, les denrées coloniales sont hors de prix; le menuisier, le maçon, le serrurier, le fort de la halle n'ont plus leur café au lait le matin et, chaque matin, ils grondent en songeant que la récompense de leur patriotisme est un surcroît de privations. »
Taine. *La Révolution*. t. II. p. 193.

Par suite, depuis février 1793, le pain au lieu de de 3 sous vaut 6 sous [1].

Devant cette disette la colère populaire s'attaque à tous. Plus que jamais on fait la chasse aux grains et aux farines et, comme le peuple crédule s'imagine qu'on veut l'affamer, il s'en prend à ceux-là mêmes qui lui procurent des approvisionnements. Compromis par la dangereuse accusation d'accapareurs, les malheureux conducteurs de convois risquent le plus souvent leur peau.

Ainsi en est-il à Charenton, le 2 août.

Dans cette localité, voisine de Paris, des gardes-françaises rencontrent une voiture pleine de farine. L'homme qui la conduit décline sa qualité, prouve qu'il fait partie lui-même des gardes-françaises et atteste qu'il amène son chargement place de Grève, à Paris.

« En vain, dit un écrivain, le grenadier leur montrait-il le numéro de sa chemise; les bruits qu'on a répandus sur ces sortes de déguisements préoccupaient si fort ceux à qui il parlait, qu'il se serait vu en danger, si deux sergents ne l'eussent reconnu pour être de la caserne Popincourt, compagnie de Sainte-Marie. »

[1] Et en beaucoup d'endroits de 8 à 12 sous. « Depuis quinze jours, le pain vaut de 16 à 18 sous la livre. Nos montagnes sont dans la misère la plus affreuse. L'administration distribue un huitième de setier par personne, et chacun est obligé d'attendre deux jours pour avoir son tour..... » Lettre de Clermont du 15 juin 1793. *Moniteur*, XVII, 2.

Le plus curieux est que cet homme avait pris une part active à la sédition du 14 juillet.

« Ce brave homme, dit une note imprimée, qui était un des premiers à la Bastille, a été extrêmement sensible à ce désagrément. Les principaux habitants de Charenton se sont empressés de le consoler. »

Quand il n'y eut plus de pain dans la banlieue, les habitants se ruèrent sur Paris, qui augmenta ainsi de plus de 100,000 âmes. Les boulangers ne furent plus alors que des commis qui ferment boutique de bonne heure faute de fonds.

Le spectacle à la porte des boulangers était horrible et quand Fouquier-Tinville, insulté dans la charrette qui le mène à l'échafaud, cherche dans sa rage à rendre à la populace insulte pour insulte et dérision pour dérision, il crie : « Va-t'en, canaille, va-t'en chercher tes 6 sous de pain à la section ! »

A la fin d'octobre 1792, l'eau-de-vie coûtait à Paris 35 sous ; en mai 1795, elle en coûte 94 ; en octobre 1794, la livre de veau coûte 5 sous ; en juillet 1793, elle coûte 22. Le sucre, qui valait déjà 20 sous en juillet 1792, monte en juin 1793 à 4 fr. 9 sous ; une chandelle coûte 6 et 7 sous. « On paie 2 sous une petite carotte, et autant 2 petits poireaux[1]. »

---

[1] C'est la révolte de la Vendée, dit Taine, qui prive Paris de 600 bœufs par semaine. C'est la consommation des armées, qui mangent la moitié des bœufs amenés sur le marché de Poissy...

En 1793, en huit jours, les pommes de terre montent de 2 à 3 francs le boisseau ; la farine de pois quadruple de prix[1]. En ventôse, il y a « une disette extrême en tout genre ». On ne donne plus, chez les épiciers, la chandelle et le savon que par demi-livre. Beaucoup n'ont plus de cassonade, même pour les malades. On fait un « Dieu du beurre[2] ». Des ouvriers disent : « Si cela continue, il faudra nous égorger les uns les autres, puisqu'il n'y a plus rien pour vivre. » En attendant, ils vivent « de pain et de harengs-saurs ».

Si encore les denrées fournies à si haut prix au peuple étaient bonnes ; mais elles sont avariées ou de qualité inférieure. Une lettre de la commission des subsistances dit :

«... Les denrées sont soustraites aux yeux du peuple, ou lui sont offertes d'une qualité très altérée[3]. »

Un surveillant de la Commune, qui s'est rendu aux halles pour prendre un échantillon de blé, écrit : « qu'on ne peut l'appeler farine. C'est du

---

C'est l'insurrection de Bordeaux, de Marseille et du Midi, qui exagère encore le prix des épiceries, sucre, savon, huile, chandelles, vin et eau-de-vie..... »

[1] *Archives nationales*, f. 7, 31167. — Rapport du 7 nivôse.

[2] Rapport de Perrière, 24 ventôse. Rapport du 2 ventôse.

[3] 23 germinal 1793. Ajoutez à cela l'idée fixe qu'on voulait faire mourir le peuple : « L'on répand depuis fort longtemps que l'on veut faire mourir tous les vieillards ; il n'est pas d'endroit où l'on ne débite ce mensonge. » (Rapport de Pourvoyeur. 15 mars 1794.)

son moulu... On force les boulangers à le prendre ; la halle n'est, en très grande partie, approvisionnée que de cette farine [1]. »

A la fin d'août :

« Les substances sont toujours très rares et de mauvaise qualité ; le pain est détestable au goût ; il donne des maladies dont bien des citoyens sont affectés, telle qu'une espèce de dysenterie, des maladies inflammatoires [2]. »

En nivôse, la constation des rapports va plus loin :

« On se plaint toujours de la mauvaise qualité du pain, qui rend, dit-on, beaucoup de personnes malades ; il occasionne des douleurs inouïes d'entrailles, accompagnées d'une fièvre qui mine [3]. »

A la date du 16 prairial an II, on trouve un rapport d'un des espions favoris de Robespierre, de Rousseville, un ex-cordelier. Ce rapport est un mélange grossier d'odieuses dénonciations ayant pour objet, l'exercice clandestin du culte, les réunions d'aristocrates, etc. Mais ce rapport est important, en ce que Rousseville y signale que cent cinquante cochons ont été surpris à Saint-Mandé

[1] *Archives des affaires étrangères*, t. 1411. Rapport du 11-12 août 1793.
[2] *Ib.* du 31 août-1 septembre 1793.
[3] Rapport du 7 et 12 nivôse an II.

et qu'on voulait les conduire à La Chapelle pour en faire un trafic; « qu'un épicier vendait du beurre à dix sous plus que les taxes », etc.[1]. En tête de cette pièce, on lit une note marginale de l'écriture de Robespierre : « 12 messidor. Pris toutes les mesures nécessaires sur les divers objets[2]. M. R. »

La plus grande partie des rapports de la police secrète du temps peignent[3] en traits précis l'état de la classe ouvrière. Du mois de mai 1793 à juillet 1794, avant et depuis la loi du *Maximum*, il n'est pas un seul de ces rapports où l'on ne constate la difficulté qu'ont les pauvres travailleurs de Paris à se procurer les objets les plus urgents, de première nécessité; des attroupements quotidiens à la porte des boulangers, où il faut arriver bien avant le jour et faire la queue souvent pendant six heures.

Il y a « queues pour le lait, queues pour le beurre, queues pour le bois, queues pour le char-

---

[1] Schmidt, II, 208.

[2] Veut-on savoir les mesures de Robespierre? Dans une note écrite de sa main sur un rapport de juillet 1793, on lit :
« Les dangers intérieurs viennent des bourgeois ; pour vaincre les bourgeois, il faut rallier *le peuple*. Il faut que les sans-culottes soient payés en restant dans les villes. Il faut leur *procurer des armes, les colérer...* » (*Archives nationales.*)

[3] *Archives nationales.* — Schmidt. *Paris pendant la Révolution*, d'après les rapports de la police secrète (1789-1800).

bon, queues partout »[1]. Et ces queues se font avant le jour :

« A une heure du matin, on trouve des hommes et des femmes couchés le long des maisons, et attendant sans bruit l'ouverture des boutiques [2]. »

Près du Jardin des Plantes, à la tuerie des cochons, « pour avoir une fressure, au taux de 3 fr. 10, au lieu de trente sous comme autrefois, les femmes, couchées par terre, avec leur petit panier, font des stations de quatre à cinq heures [3] ».

Ces rassemblements sont effrayants, ces queues d'une longueur incroyable [4] :

« Il y en avait une, dit un témoin, qui commençait à la porte d'un épicier du Petit Carreau et qui s'allongeait jusqu'à la moitié de la rue Montorgueil. »

Et ce n'était pas que pour les vivres qu'on faisait queue. Il y avait aussi « toujours de grands attroupements aux postes de charbon : ils commencent dès minuit, une heure et deux heures du matin [5] ».

---

[1] Dauban. Paris en 1794. Rapport du 2 ventôse.
[2] *Archives du ministère des affaires étrangères.* (Rapports du 1ᵉʳ au 2 août 1793.)
[3] Rapport du 24 ventôse.
[4] *Archives nationales*, f. 7, 31167. (Rapports de nivôse, an II.)
[5] Rapports du 27 fructidor an II.

Il est évident qu'une pareille existence amenait des révoltes, des agitations continuelles [1].

Et à toutes ces misères si dures à supporter pour le peuple, savez-vous ce que les législateurs, les maîtres de Paris, trouvent comme remède ? Si elle n'était triste comme une farce sinistre, la chose serait amusante : ils trouvent le *Carême civique :* « Serre-toi les flancs, bon peuple. » Dans la séance de la Convention du 17 avril 1793, Vergniaud, le doux et compatissant Vergniaud, dépose la proposition suivante :

« Une autre mesure que je vais vous soumettre vous paraîtra peut-être ridicule au premier aspect; mais je vous prie de l'examiner avec attention. D'après les troubles intérieurs qui ont lieu dans les départements, d'après la consommation des armées, il est à craindre que, l'année prochaine, les bœufs ne soient pas en proportion avec la consommation. *Ne serait-il pas nécessaire d'arrêter pendant un temps déterminé la consommation des veaux !* La religion avait ordonné un *Carême* pour honorer la divinité. Pourquoi la politique n'userait-elle pas d'un moyen pareil pour le salut de la patrie [2]. »

---

[1] « La cherté des denrées est la principale cause des agitations et des murmures. » (Rapport de police du 24 mai). *Archives nationales* A., 12, 45.

« La tranquillité qui paraît régner dans Paris sera bientôt troublée, si les objets de première nécessité ne diminuent pas très promptement. » (Rapport de police du 25 mai). A., f. 2 *Archives nationales.*

[2] *Moniteur* du 20 avril 1793.

La proposition de Vergniaud fut renvoyée à un comité et, le 9 juin de la même année, elle fut reprise par un membre de la Montagne, Thuriot, qui s'exprima ainsi :

« Depuis six mois, l'augmentation du prix de la viande est telle que l'indigent ne peut plus en acheter, je demande : 1° que vous autorisiez les administrateurs de département à taxer le prix de la viande, chacun dans leur arrondissement ; 2° que les *citoyens de la République observent un Carême civique* pendant le mois d'août, afin que pendant cet espace de temps les bestiaux puissent grandir et se multiplier [1]. »

Thuriot vit sa proposition appuyée par Gossuin, député du Nord. Elle fut renvoyée aux ministres du commerce et d'agriculture.

Le 20 juin, une section de Paris, la section de l'Homme-Armé, prit un arrêté par lequel elle s'imposait un *Carême civique* de six semaines.

Le lendemain, la section de Montmartre s'imposa aussi un *Carême civique* de six semaines.

Cette section demanda même au conseil de la Commune de prendre des mesures dans le but d'empêcher la hausse du prix des légumes [2].

Le grotesque coudoyait le sinistre.

En 1794, la situation, loin de se détendre, ne

---

[1] *Moniteur*, 11 juin 1793.
[2] *Mercure français*, 29 juin 1793.

faisait que s'aggraver et la fermentation populaire était si grande que pour empêcher le sang de couler, défense fut faite aux femmes d'aller faire queue aux boucheries avec des assiettes ou des plats; elles ne devaient emporter avec elles que des serviettes et des torchons.

Un membre du comité de la section des Droits de l'homme proclama, au son du tambour, qu'il ne serait plus délivré de bœuf que pour les gens malades, et que ceux qui voudraient en obtenir seraient obligés de se munir de cartes spéciales.

Les femmes du peuple s'écrièrent : « Il nous faudra donc maintenant faire du bouillon avec de la viande de chien ! »

A cet état de choses les législateurs ne trouvaient à opposer que de grandes déclamations, de longs et fatidieux rapports.

Le 21 février 1794 (5 ventôse an I), Barère fit la lecture de son rapport sur les subsistances :

« Nous ne viendrons pas, dit-il, comme des capucins politiques instituer au milieu des besoins nombreux de la République ce qu'on appelait ridiculement un *Carême*.

Nous savons bien que cette institution était puisée dans la nature puisqu'il existe une époque dans la reproduction des animaux utiles à l'homme, époque qui doit être ménagée, protégée même contre la voracité des villes. Nous savons bien que l'époque où nous sommes était connue par des jeûneurs fanatiques et par une société religieuse ; les prêtres, qui avaient partout gâté l'ouvrage de la nature, avaient en cela suivi son ordre invariable. Mais la renaissance du printemps commandait à l'homme bien plus puissamment que les pratiques de la superstition de changer ses aliments, de se rapprocher quelque temps des ressources que la végétation fournit à la santé publique. Ce n'est pas inutilement que la terre reprend à cette époque sa fertilité et répand ses bienfaits sur l'homme, mais ce n'est pas au législateur à imiter le prêtre ; ce n'est pas à la Convention nationale à faire ce que Moïse et le pape ont ordonné. Les Juifs et les catholiques faisaient par force et par superstition ce que des républicains feront par amour pour la liberté...

« Dans ce moment même en Angleterre, *c'est par des jeûnes religieux* que les ministres préparent le peuple à à l'anéantissement de son commerce et *qu'ils l'enivrent de haine contre la France et d'horreur pour la liberté et les droits des hommes*...

« Soyons plus près de la nature ; n'ordonnons pas de ces jeûnes ridicules ni impies : n'imitons ni les prêtres ni les rois ; chassons les uns et battons les autres, en nous imposant volontairement des privations nécessaires...

« Nos pères, nous-mêmes, nous avons jeûné pour un saint du calendrier, pour un moine du xe siècle ou pour une supercherie sacerdotale ; jeûnons plutôt pour la liberté, elle est bien plus sainte que toutes les institutions religieuses. Faisons des économies momentanées ; imposons-nous volontairement une frugalité civique pour le maintien de nos droits.

« Ajournons cette partie de nos plaisirs que la table permet aux républicains ; supprimons les délices qui n'appartiennent qu'aux sybarites, que les citadins ne dépensent que ce qui est nécessaire : encore quelques mois, et la France libre bénira ses défenseurs et vous aurez fondé, en même temps que les mœurs républicaines, celles de la tempérance et de l'égalité [1]. »

Le boucher Legendre, venant remplacer Barrère à la tribune, s'écrie à son tour :

« Si la Convention, dit-il, se borne à inviter à un carême politique, elle manquera son but. Tous les bons patriotes se passeront de viande, le peuple se soumettra à votre invitation par amour pour la liberté ; mais le riche, le sybarite continuera de s'engraisser avec une nourriture qui ne doit être que pour les défenseurs de la patrie, parce qu'il paiera la viande ce que le boucher voudra la lui vendre. *Il est urgent que la Convention fasse pour la République ce que les prêtres avaient fait pour la superstition. Décrétez un CARÊME CIVIQUE ;* autrement la disette de la viande se fait sentir dans toute la République...

« Avant la guerre de la Vendée, les départements qui en ont été le théâtre fournissaient six cents bœufs par semaine depuis *ce qu'on appelait Pâques* jusqu'à l'époque *qu'on appelait Saint-Jean*. Aujourd'hui rien ne nous vient de cette partie de la République. Nous tirions aussi des bœufs de l'étranger ; la lutte que nous avons avec tous les despotes de l'Europe nous enlève cette ressource. Citoyens, *on détruit l'espèce en mangeant le père, la mère et les enfants*...

« Aussitôt que le premier coup fut porté aux prêtres,

---

[1] *Moniteur*, 23 février 1794.

on mangea de la viande pendant le carême. Eh bien ! on mangea alors les bœufs qui ne devaient être bons qu'à Pâques, et à cette époque on s'aperçut déjà du changement qui avait eu lieu. La Convention doit agir avec l'énergie qu'elle partage avec le peuple. Le patriote dira : « S'il y a une livre de viande, elle appartient au défenseur de la liberté; nous habitons nos foyers, nous avons de bons lits; une nourriture quelconque nous suffit, mais le défenseur de la patrie doit avoir une nourriture solide propre à le soutenir dans les fatigues. »

« Que la Commission des subsistances présente à la Convention les moyens d'exécuter la mesure que je vous propose. Si cent bœufs sont nécessaires pour les malades de Paris, que cent bœufs seulement entrent dans cette commune, et qu'ils soient distribués par une commission de bons citoyens que je vous indiquerai...

« Décrétez le *Carême* que je vous propose, autrement il viendra malgré vous. L'époque n'est pas éloignée où vous n'aurez ni viande ni chandelle; les bœufs qu'on tue aujourd'hui ne donnent pas assez de suif pour les éclairer à leur mort. La Normandie fournissait des bœufs depuis la Saint-Jean jusqu'à ce temps-ci : ses herbages sont épuisés. Le Bourbonnais et le Limousin sont les seuls pays d'où on en puisse tirer, et vous voyez qu'ils n'en fournissent plus une quantité suffisante. Ne vous bornez donc pas à une simple invitation, mais décrétez *qu'il y aura dans toute la République un Carême civique.* »

Sur les demandes de Cambon et de Legendre, le comité de Salut public fut chargé de faire un rapport sur les moyens d'exécution de la loi proposée [1].

En province, la misère est aussi grande qu'à Paris.

« Le mardi 18 février 1794, lit-on dans le *Journal d'un bourgeois d'Évreux*, jour de la décade, la Société des sans-culottes d'Évreux célébra la mort de Louis XVI, et en même temps la *Fête de l'abondance* ! A cette occasion, on borna la nourriture des habitants à une livre et demie de pain par jour pour les hommes travaillant fort, une livre pour les autres et pour les femmes et les enfants au-dessus de quatre ans... Le samedi 5 avril, on fit placer les marchands de beurre, d'œufs et de volailles, dans l'église de Saint-Pierre, parce que, dans le Grand-Carrefour, il y en avait qui emportaient la marchandise sans vouloir la payer. On a vu séparer une livre de beurre en quatre, et des volailles étouffées à qui les aurait. — Le 14 juin, on apporta de Rouen 13,000 livres de riz, pour suppléer aux denrées qui manquaient. — Le 20, on proclama que tous ceux qui avaient chez eux quelque provision de blé, orge, seigle, farine ou même de pain, eussent à le déclarer dans les 24 heures, sous peine d'être mis en état d'arrestation comme suspects, etc. — Le lundi 14 juillet on fit la fête de la prise de la Bastille, *et l'on réduisit les habitants à une demi-livre de pain par jour*. Encore ne l'avait-on qu'avec beaucoup de peine, ce qui obligea beaucoup de citoyens à aller dans les campagnes en demander pour de l'argent aux laboureurs, quoique ceux-ci

---

[1] *Moniteur*, 23 février 1794.

n'en eussent guère, puisqu'on les avait obligés d'apporter tout ce qu'ils avaient à Evreux, au magasin de Saint-Sauveur pour les armées, *ou à celui du Séminaire pour Paris*[1]. »

Après le 9 thermidor, la situation n'est guère belle.

En mars 1795[2], « le pain se vendait 5 et 6 francs la livre, et encore les boulangers en donnaient très peu, ce qui força beaucoup de monde à aller dans les campagnes. Mais les laboureurs vendaient très cher, et seulement pour de l'or et de l'argent, ou des effets tels que montres, croix d'or, etc. — Le 10 avril, il y eut une émeute pour le pain. A cette époque, on ne délivrait plus que deux livres de farine par personne pour huit jours et quelquefois davantage ; et même le 7 on n'en avait délivré qu'une livre et demie, *ce qui n'était pas trop.* » Dans les derniers temps, avant la moisson, ce fut pis encore. « Il y avait des gens qui mangeaient du son, d'autres des herbages. On allait dans les champs voler des blés à demi mûrs. »

Comment aurait-on pu ne pas avoir la famine à Paris quand les pays producteurs en étaient réduits à cette disette.

---

[1] *Journal d'un bourgeois d'Evreux*. C'était le vannier Rogue.
[2] Même journal.

La disette était si grande à Paris en 1795 [1] que les membres du comité de Salut public adressaient à un conventionnel en mission à Chartres des lettres comme celles-ci :

« Le moment du plus urgent besoin est arrivé. Les magasins de Paris viennent d'être visités. *Il n'y reste plus rien.* Nous ne pourrons vivre duadi qu'avec les farines qui arriveront demain. Rien n'est malheureusement plus vrai. Fais rassembler sur-le-champ tous les moyens de transport que tu pourras te procurer. Qu'il ne reste pas un demi-sac de farine dans les moulins : que tout parte pour Paris au fur et à mesure des moutures : qu'il soit mis des relais à des distances convenables pour que les voitures marchent avec la plus grande rapidité, et elles n'arriveront jamais assez tôt. Emploie tous les moyens imaginables : *une seule minute est précieuse.* Songe combien la liberté peut être compromise par cette disette d'un moment. — Salut et fraternité. —

---

[1] « Il n'en est pas aujourd'hui comme aux premiers temps de la Révolution, qui ne pesait alors que sur certaines classes de la société ; maintenant les blessures se font sentir à tous, à toute heure, dans toutes les parties de l'existence civile. Ces marchandises et les denrées montent journellement dans une proportion beaucoup plus forte que la baisse des assignats. Paris n'est plus absolument qu'une cité de brocanteurs. Ce concours immense à acheter les effets mobiliers élève les marchandises de 25 p. 100 par semaine. Il en est de même des denrées. Le sac de blé, pesant trois quintaux, vaut en ce moment 9 000 francs, la livre de suif 36 francs, une paire de souliers 100 francs. Il est impossible que les artisans élèvent le prix de leurs journées dans une proportion si forte et si rapide. *Correspondance de Mallet du Pan avec la cour de Vienne.* I, 253 (18 juillet 1795).

Les membres du Comité de salut public. — BOISSY, MERLIN (d. d.), J. P. LACOMBE [1]. »

Voici une seconde lettre à la date du 5 germinal :

« On nous apporte, citoyen collègue, l'état de nos magasins de Paris, en voici le résultat. Il faut pour la consommation du jour environ 1,900 sacs de farine, nous n'avons ce soir que 115 sacs 1/2 ; si par malheur rien n'arrivait demain, il nous manquerait 1,884 sacs 1/2. *Ce tableau vous fera frémir.* Il vous portera sans doute à faire les plus grands efforts pour nous tirer de l'état affreux dans lequel nous sommes. Nous vous en avons donné les moyens par les arrêtés que nous vous avons adressés la nuit dernière. *Le sort de la patrie est dans vos mains : sauvez-la.* — Les membres du comité de salut public : BOISSY, FOURCROY, J.-P. CHAZAL, MAREC, REUBELL, J. P. LACOMBE, DUBOIS-CRANCÉ. »

Les trois lettres suivantes sont encore plus éloquentes par leurs appels désespérés :

« 9 germinal. — Nous n'avons eu hier, citoyen collègue, que *la moitié* de la farine nécessaire pour fournir le pain d'aujourd'hui et l'arrivage de ce matin est encore au-dessous de celui d'hier. *Paris est donc réduit à la famine :* elle serait absolue sans le riz et les biscuits que nous faisons distribuer ; mais cette ressource va être bientôt épuisée, si, par des efforts que nous vous demandons

---

[1] 20 ventôse.

au nom de la tranquillité publique, vous ne nous sortez pas de la position où nous nous trouvons. Songez que, pour nous mettre un peu à l'aise, il est indispensable que vous nous fassiez parvenir chaque jour au moins trois mille quintaux de grains ou de farine. *La patience des habitants est sur le point d'être poussée à bout.* Les agitateurs les excitent : ils auront trop beau jeu si le pain continue à manquer : prévenez des suites aussi fâcheuses, *la patrie vous devra son salut…* Boissy, Merlin, Marec. »

« 10 germinal. — *Du courage*, citoyen collègue, *du courage :* plus le danger est grand, plus il faut redoubler d'efforts pour en triompher. Rien ne peut nous être plus agréable que la rentrée que tu nous annonces et surtout que l'espérance que nous osons concevoir qu'elles ne se ralentiront pas ; nous ne pouvons qu'approuver les mesures que tu as employées… Si la surveillance de deux districts est trop pénible pour tes moyens, tu peux nous le marquer, nous ferons en sorte de te soulager par l'envoi d'un autre commissaire dans l'un de ceux que tu parcours. — Boissy. »

« 11 germinal. — Comment se peut-il, citoyen collègue que connaissant comme vous le faites voir l'état déplorable de cette commune, les secours que vous lui procurer soient si peu abondants? Nous n'avons depuis quatre jours que la moitié des arrivages ordinaires : *Le pain manque absolument.* Le peuple jusqu'à présent contenu va cesser de pouvoir l'être. Il est près de quatre heures et nous n'avons pas le tiers de ce qu'il nous faut pour demain. Nous n'avons eu que la moitié pour aujourd'hui. Ce décroissement journalier nous étonne autant qu'il nous afflige ; vous avez soutenu une fourniture abondante pendant l'hiver et maintenant que les jours sont longs, les chemins praticables, vous nous laissez manquer ! Nous vous avions dit, vous le saviez, qu'il nous faut huit mille quintaux de grains par jour, nous en demandons trois mille de votre part pour nous remonter un peu. Ecoutez les cris du besoin, *délivrez-nous de la famine.* — MERLIN, CHAZAL, SIEYÈS, REUBELL. »

On sait ce qui arriva le lendemain 12 germinal ; l'émeute, l'invasion de la Convention, le décret de députation rendus contre trois députés, l'arrestation d'autres. Dans les départements, il y eut des insurrections semblables.

Et voilà le tableau de la misère que la Révolution et la Terreur avaient apportée à Paris et à la France.

On vient de voir comment vivaient les pauvres, les travailleurs, les gens du peuple.

Voyons maintenant comment vivaient les maîtres de Paris.

Pendant que le pain devient mauvais et rare, pendant qu'on se bat pour pouvoir vivre, pendant que le peuple meurt de faim et que le soldat aux frontières se bat pieds nus et le ventre vide, les restaurants à la mode font fortune.

C'est pendant ces moments de terrible misère publique, pendant la disette et la maigre famine que naquit à Paris l'institution grasse des restaurants.

Il y avait une classe de gens que la Révolution avait jetés sur le pavé et qui voulaient vivre. C'étaient les cuisiniers des princes et des aristocrates. Ils se firent restaurateurs.

« Les cuisiniers des princes, dit Mercier[1], ceux des conseillers aux Parlements, des cardinaux, des chanoines et des fermiers généraux ne sont pas restés longtemps inactifs. Ils se sont faits restaurateurs et ont annoncé qu'ils allaient professer et pratiquer pour tout payant la *science de la gueule.* »

Pendant que beaucoup meurent de faim, des clients de ces restaurants font chère grasse, sans rien craindre, sans avoir peur ni de la Commune, ni du Comité de sûreté générale, car ces clients-là sont précisément les puissances révolutionnaires, les maîtres des comités.

En 1793, Paris possède une vingtaine de grands restaurants : au coin de la rue Sainte-Anne et de la rue Neuve-des-Petits-Champs, le *restaurant Léda*; rue Grange-Batelière, le *restaurant Rose*; au Pont-Tournant, le *Suisse du Pont-Tournant*, dont les fenêtres donnaient sur la place de la Révolution; dans la cour du Manège, le *restaurant Gervais*, dont les fenêtres des salons donnaient sur la terrasse

---

[1] *Nouveau Paris.*

des Feuillants; rue Saint-Honoré, le *restaurant Vanna* (sur l'emplacement occupé actuellement par l'hôtel Maurice) avec jardins et bosquets qui s'étendaient jusqu'à la terrasse des Feuillants. Rue de la Loi (Richelieu), le *restaurant du Grand-Premier de l'hôtel Vauban*; place des Victoires, le *restaurant Velloin*; au Palais Égalité, les *restaurants Marse et Véry*[1].

Rue Helvétius, en face de la rue Louvois, les « *trois cabarets* » de *Simon, Barthélemy, Manaille*, trois Provençaux qui se transportèrent plus tard au Palais-Égalité. A la galerie Montpensier, le *restaurant Février*; aux arcades du Palais-Égalité, le *restaurant Beauvilliers* et le plus riche de tous, le *restaurant Méot*, qui regorge de gibiers, de poissons, de truffes et de fruits quand les épiciers ne peuvent plus vendre que la moitié d'une chandelle.

« Dans le cœur de ce Paris lamentable, que sont donc ces cheminées toujours fumantes[2]? Qu'est cette forge toujours en haleine, qui veille toute la nuit, toutes les nuits? — C'est Méot, le restaurateur Méot; ce sont les fourneaux de Méot. O Paris, cerveau et cuisine du Monde! La mort vendange dans tes rues; Méot te reste, et tu

---

[1] « Chez les marchands de la maison Egalité, vers dix heures du soir, on voit arriver les aristocrates et autres égoïstes, pour acheter les poulardes et les dindes, qu'ils cachent soigneusement sous leur redingote... »

(Rapport de police.)

[2] *La Société française pendant la Révolution*, par Edmond et Jules de Goncourt, ch. XI.

oubliés avec le ventre ! — Il semble qu'Isaïe ait écrit pour les Français de ce temps : « Vous ne penserez qu'à vous réjouir et à vous divertir, à tuer des veaux et à égorger des moutons, à manger de la chair et à boire du vin : mangeons et buvons, direz-vous, nous mourrons demain. »

— Méot ! dans cet angle de la rue des Bons-Enfants, paradis oublié dans la cité dolente ! Des cassolettes d'or, autour des tables où se versent les précieuses liqueurs, l'encens s'échappe et monte en nuages odorants[1]. Voici la chambre verte, bientôt historique, où va se rédiger une constitution, le contrat d'un peuple, la constitution de 1793, la constitution Méot, comme on dira[2], — salles d'Apollon, où Lucullus se reconnaîtrait chez lui ! Les crus opimiens, surprises et recherches exquises, toutes les féeries gourmandes ! vaisselle plus précieuse que l'airain de Corinthe et l'eau à la neige que les esclaves versaient sur les mains des convives antiques ! — Soudain, comme du sanglier fendu de Trimalcion, laissant s'envoler une volée de grives, — du plafond qui s'entr'ouvre descend, parée de myrthe, la Cypris de Cnide dont le char est attelé de colombes, ou bien c'est la Chasseresse, fille de Jupiter et de Latone, portant la peau de tigre sur ses épaules nues, ou l'Aurore, semant les roses ; déesses qui se font humaines une fois le pied sur le tapis des festins nocturnes. Plus loin, un salon abandonné : c'est là qu'autrefois des mains féminines vous massaient dans une cuve de vin[3]. — Chez ce Méot, au bout d'une de ces

---

[1] *Le nouveau Paris*, III.
[2] *L'accusateur public*.
[3] *Le nouveau Paris*, III.

orgies de Bas-Empire, soûls de parfums, de fumets, de voluptés, Fouquier-Tinville, Dumas, Renaudin causeront : « Ce Méot est plaisant à son fourneau, dira Dumas, — il serait curieux de l'envoyer chercher un matin avec son tablier, de le faire monter sur les gradins et de le faire guillotiner tout de suite. » — « Il faut le mettre dans une fournée le lendemain d'une décade, — ripostera Renaudin, se passant sa serviette sur les lèvres, — n'étant pas de ses juges, je viendrai dîner chez lui pour rire [1]. »

Les grands maîtres de Paris vont chez Méot. Méot a des vins d'Espagne, vingt espèces de liqueurs, quarante espèces de bons vins de France. Les maîtres de Paris, à force de déclamer pour le bonheur du peuple, ont soif et c'est chez Méot qu'ils vont se désaltérer. Barère [2] y fréquente presque tous les jours avec Hérault de Séchelles et Vilate, qui se faisait appeler Sempronius Gracchus. C'était un juré du tribunal révolutionnaire. Pour satisfaire sa manie d'égalité il aidait à couper le plus de têtes possible et pour chasser ses cauchemars il allait chez Méot.

---

[1] *Mémoires de Sénart.*

[2] Notez que c'était Barère qui avait lu le rapport demandant de « s'imposer volontairement une frugalité civique ».

« Moi aussi, s'écriait Camille Desmoulins, je veux célébrer la République, » pourvu que les banquets se fassent chez Méot Ce pauvre Camille, il n'avait pas fini son carême qu'il était arrêté sur un mandat signé négligemment, au haut d'une feuille de papier-enveloppe par Billaud-Varenne, Vadier, Carnot, Robespierre, etc.

On y vit quelques rares fois Robespierre; pour lui, ce séjour n'était pas assez austère. Lacroix, Danton, l'ex-capucin Chabot y firent souvent de fines parties, ainsi que Chaumette et Hébert.

Un soir que Barère dînait dans la *Chambre Rouge*, le plus beau salon de Méot, avec Vilate et Hérault de Séchelles, on se mit à discourir.

— L'égalité du peuple, dit Barère, voilà le contrat social du peuple.

Tout en disant cela, il buvait un verre d'une fine eau-de-vie, une eau-de-vie d'aristocrate, que Méot vendait 60 francs la bouteille, probablement parce qu'elle provenait du pillage des caves de Chantilly.

Comme cette liqueur aristocratique répandait dans les veines de Barère une saine et douce chaleur, il devenait aimable et confiant:

« Il faudrait brûler toutes les bibliothèques. Il ne sera besoin, dans l'avenir, que de l'histoire de la Révolution et de ses lois; s'il n'y avait pas sur la terre, à des époques répétées de grands incendies, elle ne serait plus bientôt qu'un monde de papier. »

C'est Vilate qui raconte ce propos [1].

Le *restaurant Masse* vit ses splendeurs en 1790. Il y avait là des réunions composées de Mirabeau,

---

Il a laissé un livre curieux : *Causes secrètes de la Révolution du 9 au 10 thermidor*.

du marquis de Belbœuf, du comte de Montlosier. C'était chez Masse, qu'après le café et les liqueurs fines, on demandait du papier, des plumes, de l'encre, et, la collaboration aidant, on faisait des pamphlets : *Le dîner ou la vérité en riant ; le déjeuner ou la vérité à bon marché.*

Carnot affectionnait le *restaurant Gervais* sur la terrasse des Feuillants. Il s'y rencontrait souvent avec Collot-d'Herbois. La nourriture y était frugale, comme il convenait pour un bon républicain et peu coûteuse comme il convenait à un parfait démocrate.

Au restaurant Février, on voulait flatter les jacobins. Tout y avait un aspect sévère. En guise de salons il y avait des caveaux à basses voûtes auxquels on parvenait en descendant quelques marches. De rares quinquets (les jacobins n'aimant pas les lumières) pendaient aux murs.

Au restaurant du Grand-Premier de l'hôtel Vauban se rendait un habitué dont l'histoire a conservé le nom comme celui d'un lâche et d'un assassin. C'était l'ancien marquis d'Antonelle, qui se faisait appeler le citoyen Antonelle, tout court, et qui fut directeur du jury au procès de la reine de France et à celui des Girondins. On trouva ses menus (il avait l'habitude de les conserver) dans ses papiers lors de la conspiration de Babœuf.

Voici le menu d'un des déjeuners de ce démocrate égalitaire.

« 2 cailles au gratin, 6 livres ; riz de veau, 4 livres ; 12 mauviettes, 3 livres ; pain, 6 sols ; Sauterne, 10 livres. — Total : 23 livres 6 sols. »

Le 31 octobre, jour de l'exécution des Girondins qu'il avait fait condamner, il se payait du champagne et « une poularde fine rôtie de 6 livres ».

Chez les trois Provençaux du Palais-Égalité, c'était le menu fretin des députés politiques du Midi qui allaient manger la bouillabaisse.

Au restaurant Velloni, les habitués furent : Lafayette, Mirabeau l'aîné, l'évêque d'Autun.

Le restaurant Venua était le lieu de rendez-vous préféré des Girondins. Venua avait été lancé par les premiers constitutionnels : Mirabeau l'aîné et Mirabeau jeune, Rivarol, La Fayette, Talleyrand. Quand ce fut le tour des Girondins, il y eut de grandes réunions (parfois soixante et même quatre-vingts convives) présidées par Barbaroux. Le dîner coûtait six francs par tête et l'on avait des vins vieux. Ces vins généreux plaisaient à Louvet, qui écrivait des contes licencieux et à Buzot qui faisait des mots.

Au restaurant Beauvilliers[1] se tenaient les grandes assises des Dantonistes. C'est dans un des salons du restaurant, à la fin d'un de ces repas pantagrué-

---

[1] Beauvilliers s'était rendu acquéreur de trois arcades du palais Égalité au prix de 157,500 livres. Il a publié un livre *L'Art du cuisinier* et se disait « professeur et artiste ».

liques, que Danton aurait tenu certain discours édifiant rapporté par Louis Blanc dans son *Histoire de la Révolution*. Louis Blanc avait recueilli ces propos de la bouche de Godefroy Cavaignac, qui les tenait de sa mère. Le conventionnel Cavaignac, député du Lot, assistait à ce fameux dîner.

« Enfin, notre tour est venu de jouir de la vie! s'était écrié Danton. Hôtels somptueux, mets délicats, vins exquis, étoffes d'or et de soie, femmes dont on rêve, tout cela est le prix de la force conquise. A nous donc, à nous tout cela, puisque nous sommes les plus forts. Après tout qu'est-ce que la Révolution? Une bataille. Et, dès lors, ne doit-elle pas, comme toutes les batailles, avoir pour résultat le partage des dépouilles, opéré entre les vainqueurs? »

III

LES RUES

La topographie du vieux Paris. — Paris en 1789. — Les districts. — Les sections. — Les noms de rues du Paris monarchique. — Les rues débaptisées. — L'adresse de Palloy. — Le faubourg de la Gloire. — Les *abus religieux* du sieur Grouvelle. — L'édilité philosophique. — Un corps astucieux et vain. — Le plan du citoyen Chamouleau. — Le mot d'une vertu à la bouche. — La morale dans le cœur. — Les projets des sections. — Le citoyen poète Jult. — La rue Astruc. — Noms ridicules, barbares ou... patronymiques. — Le projet général de débaptisation. — Le rapport de Grégoire. — Paris, carte de France. — Le Paris de 1789. — Le Paris de la Terreur. — Les porte-falots. — Les fiacres. — Brigandage et vols dans les rues. — Le vol des diamants du garde-meuble. — La saleté des rues. — Les secours contre l'incendie. — L'eau à Paris.

Avant 1789, Paris était subdivisé en vingt quartiers. Lors de la convocation des Etats généraux en 1789, une ordonnance de Necker divisa Paris en 60 districts. Ce fut cette division qui subsista jusqu'au 22 juin 1790. Un décret de l'Assemblée constituante remplaça alors par 48 sections ces 60 districts et l'on essaya en même temps pour la pre mière fois une innovation révolutionnaire dans les dénominations.

Avant cette époque, les quartiers tiraient leurs noms d'édifices remarquables : *quartiers du Luxembourg, du Louvre, des Halles;* ou bien de dénominations locales : *quartiers de la Place-Maubert, de la Cité;* ou bien d'édifices religieux : *quartiers Saint-Benoît, Sainte-Opportune, Saint-Eustache*, etc.

Les rues tiraient leurs noms soit de leurs habitants ou du commerce local : *rues des Juifs, des Prêtres, des Anglais, de la Draperie ;* soit des hôtels des grands seigneurs : *rues de Bourgogne, Pierre-Sarrazin ;* soit de l'état des lieux : *rues Pavée, Percée, des Petits-Champs*. Tout allait changer.

Le rapporteur du projet adopté par l'Assemblée, Gossin, disait :

« On avait demandé de *nouvelles dénominations*. Le comité avait d'abord été tenté de donner à chacune des 48 sections les noms propres des hommes célèbres dont les cendres reposent dans leur enceinte. Il s'est arrêté aux dénominations tirées des places, des fontaines ou des grandes rues[1]. »

Ce projet fut adopté, et la liste des dénominations acceptée. Il n'y eut que deux exceptions pour les sections de *Sainte-Geneviève* et de *Notre-Dame*.

[1] Assemblée nationale, séance du 22 juin, le soir. *Moniteur* du 24 juin 1790.

Les cerveaux malades deviennent facilement enthousiastes des moindres bêtises.

Le jour même de l'enterrement de Mirabeau, le marquis de Villette écrivait aux Jacobins la curieuse lettre suivante :

« Frères et amis,

« J'ai pris la liberté d'effacer à l'angle de ma maison cette inscription : *quai des Théatins*, et je viens d'y substituer : *quai Voltaire*...

«... Nous aurons toujours un Voltaire et nous n'aurons plus jamais de Théatins. J'invite les bons patriotes de la rue *Plâtrière* à mettre le nom de *Jean-Jacques Rousseau* aux encognures de leurs maisons. Il importe aux cœurs sensibles, aux âmes ardentes de songer en traversant cette rue que Rousseau y habitait au troisième étage, et il n'importe guère de savoir que jadis on y faisait du plâtre...

«... J'ai pensé que le décret de l'Assemblée nationale qui prépare des honneurs publiques à Mirabeau, à Jean-Jacques, à Voltaire, était *pour cette légère innovation* une autorité suffisante [1]. »

Le changement fut approuvé. On lit dans le *Journal de Paris* [2] :

« Le conseil général vient d'ajouter quelques accessoires aux honneurs que la nation a décernés au grand

[1] Avril 1791.
[2] Id.

homme que la France regrette. Il a ordonné que le buste d'Honoré-Riquetti Mirabeau serait placé à l'Hôtel de Ville, et que la rue de la Chaussée-d'Antin, où est située la maison dans laquelle il est mort, s'appellerait rue Mirabeau. »

Hélas ! la popularité parisienne ne dure pas longtemps. On trouve dans l'armoire de fer des preuves contre le *patriotisme* de Mirabeau. La populace pend le buste de Mirabeau en place de Grève et le 11 décembre 1792, on lit à la séance de la Convention que les citoyens de la section de Mirabeau annoncent qu'ils vont changer le nom de la rue dite *de Mirabeau* en celui de *Mont-Blanc* [1].

Au commencement de 1792, le patriote Palloy [2], que l'on trouve partout quand il y a une bêtise à

---

[1] *Moniteur*, 13 décembre 1792.

[2] On possède à la bibliothèque de l'Arsenal une lettre écrite par ce Palloy (Pierre-François), à son ami Plancher-Valcour, lettre singulière et d'un caractère absolument érotique, dans laquelle il se plaint à Valcour de l'inconduite de sa maîtresse nommée Pauline, — c'est la modiste du Palais du Tribunat — et lui raconte en termes peu voilés les mauvais tours de la demoiselle. Le patriote tient ici le langage prêté plus tard à M. Prudhomme par Henri Monnier. Cette épître nous révèle un Palloy amoureux et débauché que l'on ne soupçonnait pas, et elle est cent fois plus amusante que les longues tartines politiques de ce faux patriote. Du reste, ce Palloy dont on parla tant à Paris est connu par le rôle grotesque qu'il joua pendant la Révolution. On sait qu'il avait fait faire de petites bastilles avec les débris de la grande et qu'il en sut tirer une fortune, plus habile que M. Picard qui exploita avec moins de succès les ruines des Tuileries. On lui doit *Hommage à la plus belle des modistes du Palais du Tribunat, pour le jour de sa fête*, 22 juillet 1809, pièce suffisante pour montrer quel était ce pitre.

faire, présente une brochure qui a pour titre : « *Adresse et projet général dédié à la nation, présenté à l'Assemblée nationale et au roi des Français* [1]. »

Il y demande l'érection d'une *colonne de la Liberté* sur l'emplacement de la Bastille. C'est à la suite de son projet que le faubourg Saint-Antoine fut appelé pendant quelque temps le *Faubourg de la Gloire*.

Le 16 août 1792 [1], le nom de la section du Théâtre-Français fut changé en celui de *Marseille* et celui de la section de Louis XIV en section *du Mail*; celui de la place des Victoires [2] en *place de la Victoire nationale*, en souvenir de la grande victoire du 10 août emportée sur les tyrans [3].

Un autre maniaque de la trempe du marquis de Villette, le citoyen Philippe-Antoine Grouvelle, adresse le 19 septembre au procureur de la Commune, Manuel, une lettre niaise, toute remplie de haine anti-religieuse.

Voici une partie de cette lettre :

« Patriote et frère,

« Votre magistrature s'est signalée principalement par la réforme d'une *foule d'abus religieux*. Depuis les clo-

---

[1] 11 mars 1792, l'an IV de la Liberté, in-4°, 60 pages et 5 planches gravées.

[2] *Moniteur*.

[3] Un arrêté de la Commune demande que sur les débris de la statue de Louis XIV il soit élevé une pyramide où seraient inscrits les noms des patriotes morts dans la journée du 10 août. *Moniteur* du 14 avril 1792.

chers qui fatiguaient les airs, jusqu'aux processions qui embarrassaient les chemins, vous n'avez fait grâce à aucun des monopoles du catholicisme, le plus funeste des cent et tant de cultes ridicules qui ont rabêti l'espèce humaine. Votre écharpe municipale a raccourci de quelques pouces l'étole sacerdotale ; votre magistrature fait école en ce genre : on doit l'appeler l'*édilité philosophique*.

« Avant qu'elle expire tout à fait, je viens vous demander une petite réforme très facile. C'est sur ma pétition que le nom odieux d'*Artois*, donné à l'une de nos rues, a été remplacé par le nom patriotique de Cerutti. Vous reconnûtes alors avec moi qu'il n'était pas alors inutile, pour le progrès de la raison et de la liberté, de changer, par degrés, toute la nomenclature des rues de la capitale, qui dénote une cité depuis longtemps servile et superstitieuse. C'est un changement semblable que je propose.

« *Les saints ont fait autant de mal que les princes ;* je m'ennuie également de les voir partout désigner les avenues de la ville. Si je conduis un étranger et qu'il me demande le nom des rues, c'est pour moi une insupportable nausée d'avoir toujours à lui nommer quelqu'un des imbéciles ou des hypocrites de la légende. Il me semble qu'on me fait dire les litanies.

« Aujourd'hui, c'est une sainte que je veux déplacer : c'est le nom de la rue Sainte-Anne, auquel je voudrais substituer celui d'un philosophe célèbre, d'Helvétius, qui avait son habitation dans cette même rue. Je ne sais si vous estimez autant que moi les écrits de cet homme rare.

« Salut et fraternité[1]. »

Bien entendu, le conseil général de la Commune, composé de citoyens éminents, est enthousiasmé à son tour, et il décrète : « que la rue Sainte-Anne, dans laquelle est née le philosophe Helvétius, qui a eu la *première idée de notre Révolution*, portera dorénavant le nom d'*Helvétius*[2] ».

Le 18 octobre 1792, le procureur Manuel ayant demandé « que la rue de la Sorbonne qui rappelle un *corps astucieux et vain*, ennemi de la philosophie et de l'humanité, porte désormais le nom de Catinat, nom d'un fameux guerrier, honnête homme, né dans cette rue », le conseil a adopté la proposition avec enthousiasme[3].

---

[1] *Moniteur*, 8 octobre 1792.

[2] Dans une notice sur Helvétius (1823), Lémontey dit spirituellement : « Quand je me suis demandé quel sort attendait Helvétius, dit-il, si le cours naturel de sa vie l'eût amené jusqu'au sein de notre révolution, je n'ai plus douté qu'il n'y eût partagé la fin déplorable de ses illustres amis, les Malesherbes et les Lavoisier. Mais la capricieuse démocratie, qui l'aurait immolé vivant, voulut l'honorer mort : elle donna son nom à la rue *Sainte-Anne*, qu'il avait habitée à Paris ; et je crois qu'aujourd'hui cette prérogative lui est disputée. Ceci me rappelle que la ville de Londres avait aussi une rue *Sainte-Anne*, dont le nom fut changé, pendant la guerre civile, non sans de graves querelles, pour un incident si puéril. Cette controverse populaire, plaisamment racontée dans un des plus agréables chapitres du *Spectateur*, nous laisse la preuve consolante qu'il y a eu au moins communauté de folie entre la Seine et la Tamise. »

[3] *Moniteur*, 21 octobre 1792.

Le 27 octobre, il en fut de même pour la rue de Bourbon, qui fut appelée rue de Lille et la rue Dauphine, qui fut appelée rue de Thionville[1].

En 1793, il en est des idées comme de la liberté. Elles font de grands progrès à rebours.

Le 25 juillet, la Commune décide en l'honneur de Marat (elle ne pouvait faire moins en faveur du patriote qui avait rendu tant de services à la canaille de Paris), que la rue de l'Observatoire serait appelée *Place de l'Ami du Peuple* et la rue des Cordeliers *rue de Marat*[2].

En outre, la section du *Mail* demande à s'appeler section de *Guillaume-Tell*[3].

Le 4 novembre 1793 (14 brumaire an II), la Convention nationale reçoit à sa barre une députation au nom de laquelle le citoyen E. Chamouleau parle en ces termes[4] :

« Il est une maxime incontestable, connue de tous les législateurs : point de mœurs, point de République. En familiarisant le peuple avec la vertu, on fera passer aisément dans son âme le goût d'une morale pure, et par suite l'heureuse habitude pour sa pratique. Pour arriver

---

[1] *Moniteur*, 29 octobre 1792. « Le conseil a voulu donner cette preuve de la reconnaissance des Parisiens pour deux villes qui ont été les premiers boulevards de la liberté. » On sait que ces deux villes avaient été bombardées par les canons autrichiens.

[2] *Moniteur* du 28 juillet 1793.

[3] *Moniteur* du 28 juillet 1793.

[4] Ce citoyen était l'auteur d'un *Plan de dénominations des voies publiques*. Voir une note de M. Victor Fournel, sur Chamouleau dans *Paris Nouveau et Paris Futur*.

à ce but, je propose de faire faire au peuple un cours de morale muet, en appliquant aux places, rues, etc., de toutes les communes de la République les noms de toutes les vertus. Voici l'explication de mon plan :

« Les communes grandes et petites de la France seront divisées en arrondissements particuliers, dont chaque place publique sera le centre ; toute place publique portera le nom d'une vertu principale. Les rues affectées à l'arrondissement de cette place seront désignées par les noms des vertus qui auront un rapport direct avec cette vertu principale. Lorsqu'il n'y aura pas assez de noms de vertus, on se servira de ceux de quelques grands hommes, mais on les rangera dans l'arrondissement de leur vertu principale.

« A Paris, par exemple, le Palais-National s'appellera Temple ou Centre du républicanisme ; la place du Parvis-Notre-Dame, place de l'Humanité républicaine ; la Halle, place de la Frugalité républicaine. Les rues adjacentes, pour la première, seront les rues de la Générosité, de la Sensibilité, etc. *Il s'ensuivra de là*, continue l'orateur, *que le peuple aura à chaque instant le mot d'une vertu dans la bouche, et bientôt la morale dans le cœur.*

« Je termine par demander que ce plan soit exécuté dans tous les départements. »

L'orateur est applaudi, et le président ordonne l'impression du discours.

Des sections adressaient à la Commune des projets de vœux pour le changement du nom de certaines rues de leur circonscription.

Voici le projet curieux de la section de Bonne-

Nouvelle présenté le 31 octobre 1793 (10 brumaire an II) par le citoyen poète Jault.

Projet d'une nouvelle nomenclature des rues de l'arrondissement de la section de Bonne-Nouvelle, suivi de quelques vers républicains, par le citoyen Jault, membre de la Commune de Paris et du Comité de vérification de la guerre [1].

« Citoyens,

« Dans un État vraiment républicain, s'occuper à régénérer les mœurs, à abattre toutes les marques gothiques des siècles d'erreurs et de fanatisme, c'est vouloir le bien de sa patrie. Marchant depuis longtemps dans le sentier de la philosophie, recueillant ses pensées, ses leçons, je me suis occupé d'un changement dont l'adoption ne vous sera pas difficile.

« La plupart des rues de l'arrondissement de la section portent des noms de saints du christianisme ; considérant combien cette nomenclature de rues est offensante et ridicule sous un gouvernement populaire ; considérant que le seul culte digne de la postérité doit être les vertus et la raison puisées dans la nature ; le soin de tout républicain, d'honorer les talents dans la personne des grands hommes de la France, qui se sont élevés à la hauteur de la liberté, de l'égalité, soit par des ouvrages philosophiques, soit dans la pratique des beaux-arts et de l'agriculture ; en conséquence de mon travail, je vous propose l'innovation suivante :

---

[1] De l'imprimerie de la Cour des Miracles, rue neuve de l'Egalité, ci-devant Bourbon-Villeneuve.

1. Rue Saint-Claude.	1. Rue Astruc [1].
2. Rue des Filles-Dieu.	2. Rue de la Vertu.
3. Rue Saint-Philippe.	3. Rue Neuve-Descartes.
4. Rue Neuve-St-Sauveur.	4. Rue Lesueur.
5. Rue Sainte-Foy.	5. Rue Lenautre.
6. Rue de Cléry.	6. Rue Sarrazin.
7. Rue Sainte-Barbe.	7. Rue Montaigne.
8. Rue N.-D.-de-Recouvrance.	8. Rue Jouvenet.
9. Rue Saint-Spire.	9. Rue Nicole.
10. Rue N.-D.-de-Bonne-Nouvelle.	10. Rue de Bonne-Nouvelle.
11. Rue Neuve-Saint-Étienne.	11. Rue Neuve-Mably.
12. Rue Beauregard.	12. Rue Populaire.
13. Rue de la Lune.	13. Rue du Labeur.
14. Cul-de-sac de l'Étoile.	14. Rue du Silence.
15. Cour des Miracles.	15. P. des-Forges-de-Bonne-Nouvelle.

A ce projet, sont jointes des Notes historiques sur la nouvelle nomenclature des rues ci-dessus désignées. J'en transcris quelques-unes :

« 1. Astruc, né à Sauves en 1684, et connu par plusieurs excellents ouvrages sur l'art de la médecine. La modestie, la politesse, la modération, la bienfaisance et la sagesse de cet écrivain, le rendaient aussi recommandable que son savoir.

[1] Astruc. Un juif naturellement.

« 2. Depuis plusieurs siècles, la rue des Filles-Dieu, précédemment filles du Diable, fut un repaire corrupteur des mœurs ; mais, depuis peu, la police bien administrée vient de frapper sans retour les teignes dangereuses qui y faisaient leur commerce nocturne ; cette rue est devenue plus salubre, et l'honnête homme la traverse sans scrupule ; c'est pour cette raison que l'on doit l'appeler rue de la Vertu.

. . . .

. . . .

« 13. En changeant la rue de la Lune en celle de la rue du Labeur, j'ai cru nécessaire de l'appeler ainsi, en ce qu'elle renferme un grand nombre d'ouvriers estimables et laborieux attachés à l'agriculture, au jardinage et à la boulangerie.

« 14. En donnant au cul-de-sac de l'Étoile le nom de la rue du Silence, j'ai cru que cette vertu austère, qui convient à des hommes républicains, devait avoir sa place dans notre section, parce que avec un silence réfléchi on parvient à faire de bonnes opérations ; ce cul-de-sac, conduisant à deux passages, doit nécessairement être considéré comme une rue.

« 15. L'origine du nom de Cour des Miracles me rappelle que beaucoup de gueux et de mauvais citoyens demeuraient anciennement dans cette Cour, et sortaient contrefaits pour aller chercher de côté et d'autre les moyens de subsister aux dépens de la crédulité des passants ; à la fin du jour, ces caméléons arrivaient dans leur retraite en chantant et en dansant, avec tous les accessoires du vice, de l'immoralité et de la mauvaise foi. On voudra abolir cette signification qui présente aux républicains quelque chose plus digne (sic) de leur esprit.

« Cette Cour, dite des Miracles, s'appellera place des Forges-de-Bonne-Nouvelle ; ces Forges produiront de bien plus grands miracles, ceux de forger des fers pour anéantir les tyrans couronnés.

« 16. La rue de Bourbon-Villeneuve nous retraçait le nom des tyrans de la France, mais celui de l'Égalité nous retrace la fraternité et le bonheur qui en doivent découler. »

EXTRAIT *du registre des délibérations de l'assemblée générale de la section de Bonne-Nouvelle, du 10º jour du 2º mois de l'an II de la République française, une et indivisible.*

« Sur la lettre envoyée à la section de Bonne-Nouvelle par les administrateurs des travaux publics, pour le projet de supprimer les inscriptions des rues qui portent des noms proscrits, des noms de saints, etc., l'assemblée a nommé précédemment le citoyen Jault pour changer et fixer la dénomination des rues susdites, et, d'après son rapport mentionné ci-dessus, et dont elle est satisfaite, elle arrête que le citoyen Jault sera invité à le porter à l'administration des travaux publics, comme le vœu sur cet objet de la section de Bonne-Nouvelle.

« MOLLARD, *président.*
« COCHOIS, *secrétaire.* »

Du reste, les administrateurs des travaux publics

adresseront à toutes les sections au sujet des dénominations de rues la circulaire suivante :

Commune de Paris — Département des
Travaux publics [1]

« Le 5ᵉ jour du 2ᵉ mois de l'an IIᵉ de la
République française une et indivisible.

« Les administrateurs des Travaux publics à l'assemblée générale et permanente de la section des Arcis...

« Le Conseil général, citoyens, a adopté le projet que nous lui avons proposé de supprimer les inscriptions des rues qui portent des noms proscrits, des noms de saints ou patronymiques, des noms ignobles ou insignifiants, des noms d'hommes vivants, et enfin ceux qui se trouvent répétés dans plusieurs rues [2]. Il a également adopté la proposition que nous lui avons faite d'y substituer des inscriptions analogues à notre heureuse Révolution, ceux des hommes qui ont bien mérité des humains, enfin les noms des principales villes des départements, afin de faire concourir cette nouvelle nomenclature à l'instruction publique.

« Le conseil général a cependant désiré que les assem-

---

[1] Cette pièce autographe, qui a figuré à une vente le 16 avril 1867, a été publié en entier dans l'*Intermédiaire des chercheurs est curieux*, t. IV.

[2] Dans un rapport au conseil général de la commune de Paris sur quelques mesures à prendre en changeant le nom des rues, rapport imprimé en vertu de l'arrêté du comité d'instruction publique du 17 nivôse an II (6 janvier 1794), je lis cette adorable phrase : « *Les noms de la plupart des rues de Paris sont ou barbares, ou ridicules, ou patronymiques.* »

blées générales des sections fussent consultées sur cette importante opération. Nous nous empressons, en conséquence, de vous faire part de son arrêté et nous vous prions de vouloir bien nous faire connaître vos vues sur la nouvelle nomenclature des rues de votre arrondissement, dont il convient de changer les inscriptions.

« Quoique ce travail exige beaucoup de détails, puisqu'il faudra changer le nom de presque toutes les rues, nous nous sommes engagés de le soumettre dans dix ou douze jours au Conseil général. Nous vous prions de vouloir bien nous mettre à portée de profiter de vos lumières, en nous faisant part le plus promptement possible de vos observations.

« Avril [1]. »

Quand on eut réuni les différents rapports des sections, la Convention chargea le comité d'instruction publique d'étudier un projet général de débaptisation des voies publiques de toutes les communes de la République.

Ce fut l'ambitieux Grégoire, l'évêque constitutionnel, qui fut chargé de ce rapport. Je donne une partie de ce rapport, rempli de toute l'extravagance que l'esprit révolutionnaire pouvait enfanter.

« Un très grand nombre de rues, dit Grégoire dans son rapport[2], avait pris des noms d'enseignes connus dans le

[1] Le citoyen Avril était l'administrateur des travaux publics de la commune.
[2] Convention nationale. Système de dénominations topographiques pour les places, rues, quais, etc., de toutes les communes

voisinage, et remarquez que la plupart de ces enseignes étaient au *Chariot d'or*, au *Lion d'or*, au *Soleil d'or*, aux *Trois-Rois*, au *Grand Monarque*, etc., en sorte qu'elles offraient partout l'empreinte de la cupidité et du despotisme. Cette observation ne sera pas dédaignée par le philosophe qui, calculant les degrés d'altération dans les principes et les mœurs, sait que les noms font beaucoup aux choses, que, suivant leur nature, ils servent de ralliement au patriotisme, aux vertus, aux erreurs, aux factions. L'histoire dépose que, dans tous les siècles, on a vu, d'un côté, des peuples se quereller, s'égorger pour des mots, et de l'autre, des mots enfanter des actions héroïques ; ainsi la dénomination de *Carmagnole*, que porte une de nos frégates, ajoute à la gaieté et au courage des marins qui la montent.... .

« Quand on reconstruit un gouvernement à neuf, aucun abus ne doit échapper à la faux réformatrice ; on doit tout républicaniser... Le patriotisme commande un changement de dénominations, et beaucoup de citoyens appellent vos regards sur cet objet... Et pourquoi le législateur ne saisirait-il pas cette occasion d'établir un système combiné de nomenclatures républicaines, dont l'histoire d'aucun peuple n'offre le modèle ? »

Voici un autre passage intéressant :

« Dans les faits immortels de notre Révolution, dit encore Grégoire, dans son *Système de dénominations*, dans nos succès, nous trouverons des sujets pour embellir

---

de la République, par le cit. Grégoire. Imprimé par ordre du Comité d'Instruction publique. (*A Paris, de l'imprimerie nationale, S. D. (janvier 1794), in-8°, 27 pages.*)

toutes les places. Leurs dénominations, combinées avec celles des rues adjacentes, formeront un abrégé historique. Pourquoi la place *des Piques* ne serait-elle pas avoisinée par la rue du *Patriotisme*, du *Courage*, du *Dix-Août*, du *Jeu-de-Paume*, etc. ? N'est-il pas naturel que de la place de *la Révolution* on aborde la rue de *la Constitution*, qui conduirait à celle du *Bonheur*. Je voudrais que tout ce que la nature, les vertus et la liberté ont de plus grand, de plus sublime, servît à dénommer les rues par lesquelles on arriverait à la place de la *Souveraineté*, ou à celle des *Sans-Culottes!* »

Et voilà, à propos des rues de Paris, à quels enfantillages s'amusaient les maîtres de Paris et de la France.

Un autre projet rêvait de faire de Paris une espèce de tableau géographique de la république, une carte de la France. On devait dans ce projet donner d'abord aux rues les noms des villes de France, puis les noms des hommes qui ont été les bienfaiteurs de l'humanité.

« Après avoir employé ce qu'il sera possible de ces noms respectables, les rues qui resteront porteront des noms de nombres en attendant qu'un patriote vertueux y soit placé.

« Il paraît qu'il y a un motif dans ce projet, puisque les citoyens, à peine hors de l'enfance, sauront par routine qu'une rue porte une telle inscription, parce que sa direction, en tournant le dos au centre de la cité, est la même que celle de la cité dont elle porte le nom, ou à peu près ou parce qu'elle est consacrée à la mémoire d'un grand homme,

« On sait qu'il n'y a pas de route droite ; les montagnes et les rivières en sont cause. Ainsi, les directions des rues ne seront pas routières, mais à vol d'oiseau, ou prises sur la méridienne, c'est-à-dire géographiquement [1]. »

Ces rues à direction non routière, ces rues dont les noms ne sont plus *ni ridicules ni patronymiques*, voyons un peu quel en est l'aspect.

Le Paris de 1789 n'est guère changé au point de vue architectural : seul le mouvement des foules n'est plus le même. On ne se presse plus pour voir passer le roi, la reine, ou monseigneur l'archevêque : on s'en va se poster sur le passage des charrettes qui mènent les victimes du jour à la guillotine ; mais rien n'est modifié que l'allure des promeneurs. Le flâneur flâne aux mêmes promenades, circule sur les mêmes boulevards, se repose dans les mêmes cafés.

Le Paris nocturne démocratisé n'est pas très différent du Paris royal de la veille de la Révolution. Il est aussi mal éclairé. Les lanternes servent plus volontiers à accrocher des aristocrates qu'à introduire un peu de jour dans les brouillards de la soirée et de la veillée parisienne. Aussi, aux abords des lieux publics, à la sortie des théâtres, y a-t-il des groupes d'individus qui portent des lanternes

[1] Projet imprimé en janvier 1794.

auxquelles on donne le nom de *Falots*. On les nomme *Porte-Falots*.

« A la sortie des spectacles, ces *Porte-falots* sont les commettants des fiacres ; ils les font avancer ou reculer, selon la pièce qu'on leur donne. Comme c'est à qui en aura, il faut les payer grassement, sans quoi vous ne voyez ni conducteurs ni chevaux. Ces drôles alors s'égayent entre eux. Quand ils voient sortir un Gascon bien sec avec ses bas tout crottés, ils croisent leurs feux pour éclairer sa triste figure, et puis ils lui crient aux oreilles : « Mouseigneur veut-il son équipage ? Comment se nomme le cocher de monseigneur [1] ?... »

Il y a en effet des fiacres dans Paris dès cette époque. En 1790, les cochers se sont adressés à l'Assemblée nationale : ils lui ont apporté une pétition afin d'obtenir une augmentation du tarif.

Mercier ne les adore pas :

« Rien ne révolte l'étranger, dit-il, qui a vu les carrosses de Londres, d'Amsterdam et de Bruxelles, comme ces fiacres, et ces chevaux agonisants.

« Quand les cochers sont à jeun, ils sont assez dociles ; vers le midi, ils sont difficiles ; le soir ils sont intraitables. Les *risques* fréquentes qui s'élèvent sont jugées chez les commissaires, ils inclinent toujours en faveur du cocher.

« Plus les cochers sont ivres, plus ils frappent leurs chevaux, et vous n'êtes jamais mieux menés que quand ils ont perdu la tête. »

[1] Mercier. *Tableau de Paris*.

Dans les rues les plus fréquentées, les fiacres sont doublés par un service de brouettes et de chaises à porteur qu'on loue à la course et dont les porteurs sont coiffés de bonnets rouges. Les brouettes coûtent de quinze à vingt sous, les chaises de vingt-cinq à trente.

On trouve aussi chez les loueurs des carrosses de remise au mois, à la journée et même à la demi-journée et des carrosses de place numérotés que l'on payait une livre quatre sous, mais il est toujours impossible de s'en procurer après onze heures du soir [1].

Encore les rues ne sont-elles pas sûres, même en plein jour. Le brigandage y règne en maître. Des bandes de voleurs y dévalisent à midi les passants. Elles osèrent, même sous la protection d'une fausse patrouille, commettre un vol audacieux, le vol du garde-meuble (le 16 septembre 1792). On retrouva les Juifs dans cette affaire ; huit d'entre eux furent arrêtés. Deux furent reconnus coupables : l'un Lire (Louis), natif de Londres, âgé de vingt-huit ans, marchand de profession, demeurant rue Beaubourg, fut arrêté, le 13 octobre 1792. Condamné à mort et exécuté immédiatement, comme un homme dont on n'avait rien à apprendre, il fut inhumé rue d'Anjou dans le cimetière de la

---

[1] Jusqu'en 1790, ce furent les frères Perreau qui eurent le privilège des carrosses de place de la ville de Paris, privilège qui leur fut retiré en 1790.

Madeleine. L'autre, Abraham Dacosta, mercier, bijoutier, accusé de recel, fut condamné le 18 floréal an IV, à dix-huit ans de fer [1].

Les six autres furent acquittés ou relaxés : Israël père et fils, « Juifs » incarcérés à la Conciergerie le 13 octobre 1792 [2], comme accusés de complicité ; Lévy (Jacques) fils, « juif négociant », vingt-neuf ans, recel arrêté le 15 brumaire an II [3]; la femme Lévy (Francine Lemoine), dite Daudreda, marchande, soupçonnée de recel, envoyée à Sainte-Pélagie, le 15 brumaire an II [4]; Cyon Rouef, juif, âgé de cinquante-deux ans, marchand forain et aubergiste, rue Beaubourg, et Leyde, sa femme, âgée de trente-huit ans, encore juive, accusés de participation, furent arrêtés le 17 germinal 1792, acquittés de l'accusation contre eux intentée et sur-le-champ mis en liberté [5].

Les rues n'étaient pas propres. « En général, dit Mercier, le Parisien est dans la crasse [6]. » Il aurait

---

[1] Wallon, III, 25.

[2] Catalogue Labat.

[3] *Id.*

[4] *Id.*

[5] Répertoire des jugements rendus par le tribunal révolutionnaire.

[6] Cette saleté n'existait pas seulement pour les rues, elle s'étalait jusque dans les auberges : « Les chambres garnies, dit le même auteur, ont des lits malpropres, des fenêtres où soufflent tous les vents, des tapisseries à demi pourries, un escalier couvert d'ordures. »

fallu s'occuper de les nettoyer plutôt que de changer leurs noms. Peut-être les balayeurs n'arrivaient-t-il plus à s'y retrouver.

Il n'y avait pas de trottoirs et presque pas de réverbères. Encore souvent n'allumait-on ceux-là que lorsqu'il n'y avait pas de clair de lune.

La saleté des rues tenait surtout à ce que l'on connaissait à peine les égouts. Il n'y avait pas de véritables conduits souterrains pour l'écoulement des eaux de pluie et des immondices de la voie publique. Il n'existait alors qu'une seule rigole d'assainissement, l'égout de ceinture ou ruisseau de Ménilmontant, lequel avait environ deux lieues et demie de développement et débouchait dans la Seine près de Chaillot.

Le service du nettoyage des rues était confié à un entrepreneur général. Cet entrepreneur était chargé de faire enlever les immondices, les boues et les ordures que les habitants déposaient à leur porte. L'entrepreneur avait sous ses ordres des sous-entrepreneurs, laboureurs des environs de la capitale, qui fournissaient les tombereaux et les hommes et qui étaient sous la surveillance des commissaires spéciaux et des inspecteurs de police. On transportait tous les immondices aux environs de la ville dans des fosses ou voiries que les gens de la campagne venaient vider pour fumer leurs terres. Mais ce service était mal ordonné et les Parisiens s'en plaignaient vivement.

Les secours contre l'incendie étaient à l'état rudimentaire. Au commencement du xviiie siècle, on avait créé des gardes-pompes qui étaient, au début de la Révolution, au nombre de 160. Ils disposaient seulement de trente pompes à incendie montées sur des chariots à bras, éparpillées dans Paris, dans trente dépôts, qui servaient en même temps de corps de garde et où l'on pouvait s'adresser nuit et jour pour demander des secours.

L'eau nécessaire au service des pompes devait réglementairement se trouver dans des tonneaux toujours pleins et toujours prêts à être attelés.

Mais cette eau-là n'était pas suffisante et quand, arrivé sur les lieux d'un incendie, il fallait combattre le fléau, on était paralysé, car l'eau faisait toujours défaut. Paris, il est vrai, n'était alimenté que par les eaux provenant des coteaux situés au nord, et qu'on appelait les eaux de Belleville et des Près-Saint-Gervais. Il y avait aussi les eaux amenées par le l'aqueduc d'Arcueil, qui aboutissait à un château d'eau situé près de l'Observatoire. Tout cela eût été bien insuffisant si l'on n'avait eu la Seine. Les frères Périer venaient d'installer à Chaillot deux pompes à feu, comme on disait alors, c'est-à-dire deux machines à vapeur destinées à l'élévation des eaux, et deux autres au Gros-Caillou. Depuis quelques années fonctionnaient la pompe Notre-Dame et celle de la Samaritaine. Mais le volume de l'eau ainsi distribuée en vingt-quatre heures n'était que de 7,986 mètres cubes, ce qui représente une insuffisante moyenne de quatorze litres par habitant.

IV

LA PRESSE

La presse politique. — Puissance de la presse. — La liberté absolue. — Arrêtés et lois restrictives — Le principe de la liberté. — L'abus à déterminer. — Les répressions jacobines. — Le *Bulletin du tribunal criminel révolutionnaire*. — Les feuilles de la révolution. — *L'Orateur du peuple*. — *L'Ami du peuple*. — Marat et Jésus-Christ. — *Le journal des Révolutions de Paris*. — Loustalot et son désintéressement. — Daubenton et le lion. — Hébert et ses guillotines. — *Le Vieux Cordelier*. — Hébert subventionné. — Desmoulins et la loi des suspects. — La confusion de Malouet. — Les charités liberticides de la reine. — Les journaux contre-révolutionnaires. — Courage de leurs rédacteurs. — Les *Actes des Apôtres*. — Robespierre poète. — Les petits vers à Guillotin. — Grégoire protecteur des Juifs. — Les *Consolations*. — A la façon de Biribi. — La fleur de lis d'Orléans. — Gorsas. — Suleau. — Panache et chenapan. — Qu'ont fait les députés et les galériens ? — Un cardinal constitutionnel. — Lamourette chansonné. — L'arracheur de dents national. — Orléans guéri par Guillotin. — Nicolle. — *Allons, enfants de la Courtille!* — La *Feuille du Matin*. — Mercadier. — Les pamphlets mènent à la guillotine. — La prière du soir des Français libres. — Le *Petit Gautier*. — Les journaux dans la rue.

Avec la Révolution, le journal devint un véritable pouvoir politique et certainement le plus redoutable.

« Aujourd'hui, dit un contemporain, les journalistes excercent le ministère public ; ils dénoncent, décrètent, règlent à l'extraordinaire, absolvent ou condamnent. Tous les jours ils montent à la tribune, et il est parmi eux des poitrines de stentors qui se font entendre des quatre-vingt-trois départements. Les places pour entendre l'orateur ne coûtent que deux sols. Les journaux pleuvent tous les matins comme la manne du ciel, et cinquante feuilles viennent chaque jour éclairer l'horizon [1].

Ainsi, la puissance du journal devient formidable :

« Avec des plumes, — dit Lamarie, — on a fait f..... à bas les plumets des preux ; avec des plumes on a balayé des boulets, encloué des canons ; avec des plumes on a fait danser une gavotte à dame Bastille ; avec des plumes on a ébranlé le trône des tyrans, remué le globe et piqué sur les peuples pour marcher à la liberté [2]... »

Les journaux se répandent dans la masse du peuple et excitent les passions. Beaucoup s'érigent en réformateurs de la morale.

Rivarol écrit :

« On entend aujourd'hui par philosophe, non l'homme qui apprend le grand art de maîtriser ses passions et

[1] Ce mot d'*éclairer* apparaît souvent dans les journaux révolutionnaires ; dans le plus grand nombre des cas, il est rapproché du mot *incendie* : « *Le peuple s'éclaire aux lueurs de l'incendie.* »

[2] *Lettre b... patriotique du père Duchesne*, n° 199.

d'augmenter ses lumières, mais celui qui joint à l'esprit d'indépendance le despotisme de ses décisions ; qui doute de tout ce qui est et affirme tout ce qu'il dit ; l'homme enfin qui secoue des préjugés sans acquérir des vertus... Le dévot croit aux visions d'autrui ; le philosophe ne croit que les siennes..... Si les anciens philosophes cherchaient le souverain bien, les nouveaux n'ont cherché que le souverain pouvoir. Aussi, le monde s'est-il d'abord accommodé de cette philosophie qui s'accommodait de toutes les passions. *Les passions armées de principes, voilà la philosophie moderne......* »

Après le 14 juillet, les premiers journaux furent assez violents pour émouvoir la **municipalité de Paris**, qui rendit le 24 juillet 1789 l'arrêté suivant :

« Le comité, sur la représentation qu'il se vend publiquement dans Paris, par les colporteurs et autres, des imprimés calomnieux propres à produire une fermentation dangereuse, arrête : Que les colporteurs de semblables écrits, sans nom d'imprimeur, seront conduits en prison, et que les imprimeurs qui donneront cours à de pareils imprimés sans pouvoir d'auteurs ayant une existence connue en seront rendus responsables. »

Un second arrêté municipal, du 2 août, défend de publier aucun écrit qui ne porterait pas le nom d'un imprimeur ou d'un libraire, et dont un exemplaire parafé n'aurait point été déposé à la chambre syndicale. Il est défendu aussi à l'administration des postes de se charger du transport d'aucun imprimé, à moins qu'il n'ait été revêtu du visa et de l'autorisation du comité de police de la municipalité.

Le 18 juin 1790, sur les plaintes de Malouet et de Maury qui affirment que les journaux sont la cause des troubles, Camille Desmoulins est jugé par le Châtelet et condamné. Peu de temps après, Fréron, rédacteur de *l'Orateur du peuple*, est mis en prison.

Le 31 juillet 1790, Malouet ayant dénoncé un pamphlet sanguinaire de Marat, *C'en est fait de nous*, et un compte rendu des fêtes de la Fédération par Camille Desmoulins, un décret fut rendu, ordonnant au procureur du Châtelet, de poursuivre, comme criminels de lèse-nation, les auteurs, imprimeurs et colporteurs d'écrits excitant le peuple à l'insurrection contre les lois, à l'effusion du sang au renversement de la constitution, ou dans lesquels les princes étrangers sont invités à envahir le royaume.

Mais, le 2 août, l'Assemblée rend un nouveau décret qui annule toutes poursuites.

A la suite des troubles du Champ de Mars, le 18 juillet 1791, l'Assemblée rendit le décret suivant :

« Toutes personnes qui auront provoqué au meurtre, à l'incendie, au pillage, ou conseillé formellement la désobéissance à la loi, soit par des placards, soit par des écrits publics et colportés, soit par des discours tenus dans les lieux ou assemblées publics, seront regardées comme séditieux et perturbateurs, et les officiers de police sont tenus de les faire arrêter, et de les remettre aux tribunaux, pour être punies suivant la loi. »

Cette rédaction ne dura pas longtemps et la presse retomba dans ses excès ordinaires.

La constitution de 1791 en garantit la liberté par l'article 2 de la Déclaration des Droits, et l'article 3 du titre I des dispositions fondamentales. Les articles 17 et 18 du titre V et le Code pénal de de 1791 déterminent les cas où la presse serait jugée avoir outrepassé ses droits.

L'Assemblée nationale avait déjà formulé ce grand principe :

« La libre communication des pensées et des opinions est un des droits des plus précieux de l'homme : tout citoyen peut donc parler, écrire, imprimer librement, sauf à répondre de l'abus de cette liberté dans les cas prévus par la loi.

Ce furent les cas soi-disant prévus par la loi qui devinrent nombreux sous la Terreur, si nombreux même que « le droit le plus précieux de l'homme » n'en fut plus un.

En février 1792, le *Journal de la cour et de la ville* est poursuivi pour avoir provoqué un meurtre des Jacobins et le 2 mai suivant, Marat est décrété d'accusation pour avoir excité l'armée à l'assassinat, de ses généraux. Le 10 août le coup de grâce fut donné aux journaux réactionnaires, la commune de Paris décréta que les empoisonneurs de l'opinion publique, tels que les auteurs de divers journaux contre-révolutionnaires, seraient mis en prison, et *leurs presses, caractères et instruments, distribués entre les imprimeurs patriotes* [1]. L'Assemblée arrêta en outre, que trois commissaires se rendraient aux bureaux de poste pour arrêter l'envoi des papiers aristocratiques; entre autres : le *Journal royaliste*, *l'Ami du Roi*, la *Gazette universelle*, *l'Indicateur*, le *Mercure de France*, le *Journal de la cour et de la ville*, *la Feuille du jour*, ouvrage flétris dans l'opinion publique, et dont ils empêcheraient l'envoi dans les provinces [2].

Un petit couplet résume en sept vers toutes les libertés que laissait à la presse le régime inauguré par le décret du 10 août :

> On peut tout faire et tout dire,
> Tout imprimer, tout écrire,
> Car nous l'avons décrété.
> Mais de notre pétaudière,
> Qu'un détracteur trop sévère
> Veuille nous jeter la pierre,
> Soudain il est arrêté.

---

[1] Marat, Hébert, Gorsas, Carra et quelques autres se partagèrent ce butin de la victoire populaire, qu'en d'autres temps on eût appelé un vol. Le 10 mars suivant, et par un juste retour, la populace brisait chez Gorsas les presses de MM. Royou, dont le journaliste girondin s'était emparé. (*Moniteur*, t. XV, p. 668.)

[2] *Procès-verbal de la commune de Paris*. 12 août 1792.

On imprima ce couplet en tête de plusieurs almanachs.

C'est alors que commencèrent non seulement les confiscations répressives, mais les jugements, et jusqu'aux assassinats d'écrivains courageux.

Il faut lire *le Bulletin du tribunal criminel et révolutionnaire de Paris*, journal unique dans l'histoire sur la première page duquel on avait osé mettre, comme une sentence d'une amère dérision ces vers de Racine :

> Celui qui met un frein à la fureur des flots
> Sait aussi des méchants arrêter les complots [1].

De vingt-cinq journaux qui existaient en 1789, on était déjà arrivé à cent quarante en 1790. La guerre de plume devint plus âpre, elle fourbissait ses armes acérées dans le laboratoire des brochures, des libelles, des pamphlets. Les injures, les menaces, le langage de la violence devaient se faire entendre tous les jours et à toute heure.

Parmi les feuilles au service de la Révolution, il faut citer *le Courrier de Paris, les Révolutions de Paris, le Point du Jour, le Républicain, la Chronique de Paris, le Patriote français* [2], *le Père Du-*

---

[1] Ce bulletin forme huit grands volumes in-quarto.

[2] Dans le *Journal de Paris* du 27 juillet 1792, André Chénier commence ainsi un article de journal : « Le libelliste qui *barbouille avec de la fange et du sang* les premières pages du *Patriote français*, a pris aujourd'hui un ton de victoire et de menace très remarquable et plus digne de réponse, quoique *non moins digne de mépris*, que ses *autres bêtises et insolences* journalières. »

chesne, la Sentinelle, l'Orateur du peuple, l'Ami du Peuple, l'ignoble journal de Marat, le Club des Cordeliers, le Défenseur de la Constitution, le Journal des sans-culottes, et, parmi les plus modérés, le Moniteur universel, précieux à consulter en ce sens qu'il donne le compte rendu relativement exact des débats des Assemblées.

L'Orateur du peuple (1789, an III) est le journal de Fréron. Avec celui de Marat, c'est le journal le plus sanguinaire de la Révolution. Il excite le peuple aux plus lâches assassinats. C'est lui qui demanda la mort de M. de Castries.

« Il est temps, s'écriait-il, que ces insolences aient un terme ! Je le dis à regret, peuple léthargique, si M. de Lameth eût été blessé, il y a six mois, comme il l'est aujourd'hui, l'hôtel de Castries aurait été détruit de fond en comble ; il n'y serait pas resté une pierre ; et le lâche assassin qui l'habite *aurait payé de tout son sang* le meurtre prémédité d'un des héros de la Révolution. »

Il demanda aussi la mort de Bailly et de La Fayette.

« ..... Si nos deux chefs civil et militaire sont atteints et convaincus de ce crime de lèse-liberté (l'espionnage), ils doivent non seulement être destitués et déclarés indignes de la confiance publique, mais encore expier *sous la hache du bourreau* cet outrage inouï envers la nation... O Parisiens ! que vous êtes encore loin des Romains !

Puis celle du roi et de la reine.

« S'il est vrai, comme le bruit s'en répand, que les Autrichiens aient passé la Meuse, Louis XVI doit perdre la tête sur un échafaud, et Marie-Antoinette doit, comme Frédégonde, être traînée dans les rues de Paris à la queue d'un cheval entier. »

Et cependant Fréron avait eu en sa jeunesse la bonne fortune d'être protégé par la famille royale. Sa conduite était la reconnaissance d'un démocrate patriote.

Du journal de *Marat*, *l'Ami du peuple* (1789-1793), on pourrait extraire un volume entier des plus atroces folies, des plus sanguinaires bêtises.

Les cinq premiers numéros parurent avec le titre : *le Publiciste parisien, journal politique, libre et impartial, rédigé par M. Marat*, avec cet épigraphe : *Vitam impendere vero*.

A partir du sixième numéro, Marat intitula son journal : *l'Ami du peuple ou le publiciste parisien*. Le 21 septembre 1792, il changea encore son titre et l'appela : *Journal de la République française, par Marat, l'ami du peuple*. Enfin, à partir du 14 mars 1793, le journal fut intitulé : *le Publiciste de la République française*.

Evidemment c'est le langage d'un fou furieux que Marat sert comme nourriture quotidienne à des lecteurs aussi fous que lui. A chaque page du journal ce sont des *complots pour brûler les villes de France et les bombarder, pour affamer la France. — L'Assemblée nationale est une assemblée de conspirateurs; elle est pourrie, vendue, prostituée*[1].

Choisissons quelques extraits dans cette feuille immonde; il est bon de se souvenir et de savoir ce que valait l'*Ami du peuple*.

Le 17 décembre 1790, Marat demande des têtes.

« Il y a une année que cinq ou six cents têtes abattues nous auraient rendus libres et heureux pour toujours. Aujourd'hui, il en faudrait abattre dix mille. Dans quelque mois, peut-être cent mille[1]... »

[1] Quand ce vilain moineau fut mort, on fit imprimer des prières au *sacré-cœur de Marat* (sic!). Dans toutes les sociétés populaires de Paris on prononça des éloges funèbres de ce forcené. Voici un curieux passage de l'un de ces discours : qu'une bouche parisienne a osé prononcer : c'est un parallèle entre Marat et Jésus-Christ : « Tous les deux quittèrent leur solitude : Jésus-Christ vint instruire le peuple dans Jérusalem, et Marat dans Paris. Tous deux dénoncèrent les grands au peuple, et furent aimés de lui. Jésus-Christ, quelque temps avant sa mort, fut porté en triomphe par le peuple de Jérusalem; et Marat, quelque temps avant la sienne, fut porté en triomphe dans la Convention par le peuple de Paris. Tous les deux voulurent l'égalité : Jésus-Christ réprima l'orgueil des scribes et des pharisiens; et Marat, celui des nobles et des prêtres. Tous les deux détestèrent les accapareurs et les agioteurs; Jésus-Christ renversa les tables des marchands d'argent, et Marat ne cessa de crier contre les banquiers de la rue Vivienne. Tous les deux furent victimes de leur amour pour l'égalité; tous les deux moururent pour elle : mais la mort de Jésus-Christ amena la contre-révolution dans la Judée, et le peuple, en perdant son ami, rentra dans l'ignorance et sous le joug de ses maîtres. La mort de Marat, au contraire, a affermi la révolution dans la France, et le peuple, en perdant son ami, a ouvert les yeux et en est devenu plus redoutable aux ennemis de sa liberté. »

[2] On croirait être en 1889 et entendre ce pauvre Madier de Montjau s'écrier : « Il faut se débarrasser de ce qui gêne. » Ils se valent

Dans le numéro du 18 mars 1791, il attaque un agent de l'administration.

« ... Ce scélérat est logé rue Bubille, près les halles, chez un tapissier, au second. Je donne son adresse pour que le peuple aille l'assommer. »

Le 15 mai 1791, Marat dénonce un officier de la garde nationale.

« Les fripons crieront au meurtre ; mais je voudrais bien savoir quel autre moyen il reste au peuple de se débarrasser des scélérats auxquels les fonctionnaires publics assurent l'impunité. »

Le 16 juillet 1791, il écrit :

« Vous serez éternellement dupes de ces scélérats, éternellement travaillés par l'anarchie et la misère, jusqu'à ce que vous ayez nommé un tribun militaire pour abattre ces têtes criminelles. »

Dans le numéro du 18 juillet 1791, il veut qu'on poignarde tout le monde :

« Qu'attendent-ils (les patriotes) pour se montrer ? Ah ! s'il y avait dans nos murs deux Scévola seulement, il y a longtemps que la liberté y serait cimentée à jamais. Un seul coup de poignard dans le cœur de Mottié (La Fayette) eût foudroyé ses légions de satellites, et permis

tous les Jacobins, ceux de 1789 et ceux de 1889. Un député de l'Aisne, M. Dupuy, n'a-t-il pas dit : « En politique, il n'y a pas de justice. »

au peuple d'abattre sous la hache vengeresse les têtes criminelles de ses mortels ennemis... S'ils étaient les plus forts, ils vous égorgeraient sans pitié ; poignardez-les donc sans méséricorde. Que Chapelier, Rabaud, Emery, Duport, Bureau de Puzy, Barnave, Desmeuniers, Malouet, Goupil, Thouret, Target, Freteau, Prugnon, Regnault, Siéyès, Dupont, Dandré, Montlosier, Bailly, Mottié, soient vos premières victimes. »

Le 3 mai 1792, Marat nous donne un portrait de Robespierre :

« Robespierre est un honnête homme ; mais il n'a ni les vues ni l'*audace d'un homme d'Etat.* »

Le même jour, il excite les soldats à assassiner leurs généraux :

« Il y a plus de six mois que j'avais prédit que nos généraux, tous bons valets de la cour, trahiraient la nation et livreraient les frontières. Mon espoir est que l'armée ouvrira les yeux, et qu'elle sentira que la première chose qu'elle ait à faire, c'est de massacrer ses généraux. »

Le journal des *Révolutions de Paris*, qui parut de 1789 à l'an II, portait pour épigraphe : « Les grands ne sont grands que parce que nous sommes à genoux : levons-nous ! »

Il a pour directeur un vilain personnage, le révolutionnaire Prudhomme[1], qui a choisi pour collaborateur Anaxagoras Chaumette, l'inventeur des fêtes de la Raison ; Favre d'Églantine, un filou; Silvain Maréchal, l'athée; Loustalot, l'exalté, dont les clubs des Cordeliers et des Jacobins portèrent le deuil pendant trois jours, comme un deuil national. Le style de cette feuille vaut celui du journal de Marat.

Le numéro 2 parle ainsi de la mort de Foulon :

« Cette tête était portée au haut d'une lance dans toutes les rues de Paris. Une poignée de foin était dans sa bouche, allusion frappante *des* sentiments inhumains de cet homme barbare. Son corps, traîné dans la fange et *conduit* de toutes parts, annonçait aux tyrans la vengeance d'un peuple justement irrité. Ainsi finit cet être cruel, qui n'exista que pour se faire détester, pour mériter la haine des hommes, faire souffrir les malheureux et recevoir enfin le prix de tant d'iniquités. Il est sans doute un Dieu juste qui veut que tôt ou tard les méchants soient punis de leurs forfaits. »

---

[1] Il était l'auteur de misérables pamphlets : *Les crimes des rois et des reines de France, des empereurs d'Allemagne, des papes*, et c'est lui qui proposait de donner le nom de *rue de la Vérité* à cette *rue de Sorbonne* qui conduisait, écrivait-il, à des *écoles où l'on a si longtemps professé le mensonge avec une effronterie vraiment sacerdotale* (n° 175 des *Révolutions de Paris*). Nous pouvons ajouter à cela le souvenir d'une autre bêtise analogue. En 1792, il y avait au collège de France un professeur d'un mérite exceptionnel, l'abbé Delille, le traducteur des *Géorgiques*. Un arrêté le remplace dans sa chaire par le citoyen Paris, officier municipal qui avait fait un ouvrage en vers sur Jean-Jacques Rousseau.

Un autre numéro parle de l'organisation d'une société de tyrannicides :

« Qu'attendons-nous pour rétablir contre les Porsenna, les Pisistrate et les César, le droit des gens exercé par Harmodius et Aritogiton, par Scévola et les deux Brutus ? La paix universelle, ce beau rêve des gens de bien, deviendrait une douce réalité, du moment qu'il existerait une phalange de tyrannicides à l'épreuve des tourments et de la mort. Devenus les modèles de l'Europe étonnée, devenons-en les libérateurs, en faisant sortir du milieu de nous un jeune essaim de héros tyrannicides, légion sacrée, troupe sainte, pénétrée de l'esprit de ce jeune citoyen, qui, le 14 juillet 1789, sur les degrés de la maison commune, d'une main montre à ses concitoyens la lettre accusatrice surprise à Flesselles, de l'autre met à mort le traître. »

Voyons ce que vaut Elisée Loustalot, le principal rédacteur des *Révolutions de Paris*, que les écrivains républicains présentent toujours comme l'Evangéliste et le Martyr de la Révolution. Originaire d'une famille protestante de la Guyenne, il avait commencé par être avocat. Ayant publié un mémoire scandaleux sur les magistrats de Saint-Jean-d'Angély, il subit une suspension de six mois. Il vint à Paris juste au moment des premiers orages de la Révolution. Il fit quelques méchants pamphlets anonymes, qui le mirent en rapport avec un pire démagogue, le citoyen

Prud'homme, libraire, entrepreneur de divers journaux. C'est ainsi qu'il devint rédacteur des *Révolutions de Paris*.

S'il déploya de la verve, il n'en résulte pas qu'il fut plus digne de l'estime de ses concitoyens. Voici à ce sujet le témoignage de Suleau :

« Je me souviendrai toujours que le plus virulent des folliculaires, le rédacteur incendiaire du journal des *Révolutions de Paris*, en un mot M. Loustalot, de massacrante mémoire, que je supposais être de bonne foi dans ses diatribes sanguinaires, et qu'en conséquence je présentai à M. le garde des sceaux comme un sujet de quelque mérite qui n'avait besoin que d'être catéchisé pour devenir orthodoxe, me dit naïvement en sortant de la Chancellerie : M. Suleau, il n'y a pas de l'eau à boire avec tous ces gens-là : — au fait, si la cour ne vous a pas assuré mille louis de pension, vous faites un métier de dupe : alors c'est à moi, à qui vous voulez du bien, d'être votre patron ; venez aux Jacobins, je vous promets que vous serez bien accueilli. »

Il y a cent ans, on le voit, les mensualités étaient déjà appréciées de certaines gens.

L'Anti-Royaliste prend pour épigraphe : *Il n'y a pas de rois dans la nature*[1].

---

[1] Le naturaliste Daubenton (que les savants deviennent niais quand ils se mêlent de politique !) était probablement un lecteur de cette feuille. Un jour, dans un cours au Jardin des Plantes, il annonçait ridiculement, bien entendu aux grands applaudissements de ses auditeurs, qu'il ne donnerait plus dorénavant au lion le titre de *roi des animaux*.

C'est avec Hébert et son *Père Duchesne*[1] qu'on voit où est tombée la langue française sous les tristes plumes des pamphlétaires.

Voici comment, dans le numéro 170, il demande la mort du roi[2] :

« *La grande colère du père Duchesne au sujet de tous les coups de chien qu'on prépare pour donner la volée à la nichée de hiboux du Temple, et pour empêcher la Convention nationale de s'assembler. Sa grande joie de voir arriver de tous les départements les braves b..., qui vont faire le procès au Grand Capet, et l'envoyer à la guillotine avec la louve autrichienne.*

« Songeons, f..., que nous sommes environnés de faux frères.

. . . .

« Tous les conspirateurs n'étaient pas à Orléans et à l'Abbaye. Leurs complices sont encore au milieu de nous. Ces honnêtes gens, au nom desquels le traître Mottié voulait exterminer les patriotes, existent encore dans Paris. Ils sont couverts d'un autre masque ; mais, au fond, ils ne respirent que sang et carnage. Il n'est pas de bon citoyen qui n'ait à ses trousses un de ces mauvais anges qui l'empoisonne de ses conseils, en attendant le moment de lui plonger le poignard dans le cœur... Oui, f..., le traître Louis, enfermé comme un hibou dans la tour du Temple, n'y serait pas aussi tranquille, s'il n'avait pas

---

[1] La dégoûtante feuille d'Hébert était richement subventionnée par le gouvernement, qui la faisait envoyer dans les armées et dans toutes les communes de France pour l'éducation des citoyens.

[2] Cet article était écrit quelques jours après les massacres de Septembre et des prisonniers d'Orléans.

un fort parti dans Paris. Déjà, f..., on a tenté plus d'un coup de main pour l'enlever. Les courtisans, qui se glissent partout, ont pénétré plus d'une fois dans cette fameuse tour, en graissant la patte à quelques-uns de ses gardiens. Heureusement que nous avons des b... à poil à la commune, qui ont des yeux partout, et qui savent tout ce qui se passe. Sans nos commissaires, f..., il y a déjà longtemps que la nichée de chats-huants aurait pris sa volée pour Coblentz. Il ne faut pas que le plus scélérat qui ait jamais existé reste impuni. Il est bon que le peuple souverain s'accoutume à juger les rois. Oh! la bonne fête! et quelle pile je me f.... si nos armées victorieuses avaient fait rafle de tous les brigands couronnés; si le Mandrin de Prusse et le petit garnement d'Autriche, enchaînés comme des bêtes féroces, étaient conduits à Paris par Dumouriez! » Beau point de vue que trois guillotines placées en rang d'oignon, où l'on verrait la tête cornue du gros Capet, celle de François et de Frédéric prise dans le traquenard... »

A cette lecture, les Jacobins, les braves sans-culottes ne se tenaient pas de joie. Ils comprenaient ce langage.

Quelques jours après la mort de l'infortuné monarque, Hébert écrit :

« *L'oraison funèbre du dernier roi de France, prononcée par le père Duchesne, en présence des braves sans-culottes de tous les départements. La grande colère contre les j... f... de calotins, qui veulent canoniser ce nouveau Desrues* [1],

[1] Desrues était un empoisonneur qui avait été roué en place de Grève. Le pur Hébert compare le Roi à cet être-là.

et vendent ses *dépouilles* aux badauds pour en faire des reliques.

Il termine ainsi son article :

«... C'est à vous maintenant, républicains, à achever votre ouvrage, et à purger la France de tous les j... f... qui ont partagé les crimes de ce tyran. Il sont encore en grand nombre. Sa femme et sa b... de race vivent encore : vous n'aurez de repos que lorsqu'ils seront détruits. Petit poisson deviendra gros ; prenez-y garde : la liberté ne tient qu'à un cheveu. »

La guillotine le rend d'une grande gaîté; ce « joujou » l'amuse. Lisez :

« *La grande colère du père Duchesne au sujet de la capitulation de Mayence, livrée aux Autrichiens par les ordres de l'infâme Custine. Sa grande joie de voir le général Moustache* [1] *jouer à la main chaude* [2], *en présence des braves b.... des départements qui arrivent pour la fête du 10 août. La grande colère du père Duchesne contre le palefrenier Houchard, qui, comme son maître Custine, a tourné casaque à la sans-culotterie. Sa grande joie de voir bientôt ce butor mettre la tête à la fenêtre* [3]. »

Camille Desmoulins, dans son *Vieux Cordelier*, s'indigne contre Hébert et son journal :

---

[1] Le général Moustache, c'est Custine.

[2] On sait que les suppliciés avaient les mains liées derrière le dos.

[3] Allusion au supplice de la guillotine

«... Sera-ce à titre d'écrivain et de bel esprit que tu prétends, Hébert, peser dans ta balance nos réputations? Mais y a-t-il rien de plus dégoûtant, de plus ordurier que la plupart de tes feuilles? Ne sais-tu donc pas, Hébert, que, quand les tyrans de l'Europe veulent avilir la république, quand ils veulent faire croire que la France est couverte des ténèbres de la barbarie, que Paris, cette ville si vantée par son atticisme et son goût, est peuplée de vandales ; ne sais-tu pas, malheureux, que ce sont des lambeaux de tes feuilles qu'ils insèrent dans leurs gazettes?... comme si on ne pouvait parler au peuple qu'un langage aussi grossier ; comme si c'était là le langage de la Convention et du comité de salut public ; comme si tes saletés étaient celles de la nation ; comme si un égout de Paris était la Seine.

. . . .
. . . .

Ailleurs il l'apostrophe en ces termes :

« Est-ce toi, Hébert, qui oses parler de ma fortune[1]? toi, que tout Paris a vu, il y a deux ans, receveur de contre-marques à la porte des Variétés, dont tu as été *rayé* pour cause dont tu ne peux pas avoir perdu le souvenir. Est-ce toi qui oses parler de mes quatre mille livres de rente? toi qui reçois cent vingt mille livres de traitement du ministre Bouchotte, pour soutenir les motions des Clootz et des Proly... Cent vingt mille livres à ce pauvre sans-culotte Hébert, pour calomnier Danton, Lindet,

---

[1] Hébert avait traité Desmoulins de *conspirateur à mener à la guillotine* et lui avait reproché sa fortune.

Cambon, Thuriot, Lacroix, Phelippeaux, Bourdon de l'Oise, Barras, d'Églantine, Fréron, Legendre, Camille Desmoulins, et presque tous les commissaires de la Convention! pour inonder la France de ses écrits, si propres à former l'esprit et le cœur, cent vingt mille francs de Bouchotte! S'étonnera-t-on, après cela, de cette exclamation filiale d'Hébert à la séance des Jacobins? « Oser « attaquer Bouchotte! Bouchotte, à qui on ne peut « reprocher la plus légère faute! Bouchotte, qui a mis « à la tête des armées des généraux sans-culottes! Bou-« chotte, le patriote le plus pur! » Je suis surpris que, dans le transport de sa reconnaissance, le père Duchesne ne se soit pas écrié : « Bouchotte, qui m'a donné cent vingt mille livres depuis le mois de juin! »

Le *Vieux Cordelier* de Camille Desmoulins parut de frimaire à pluviôse an II. Une scission s'était formée dans la Montagne : on avait fait un parti de soi-disant indulgents. C'est alors que Desmoulins crut bon de lancer son journal.

Dans le premier numéro, il dit que l'exagération des idées révolutionnaires est le grand écueil du système :

« Il ne reste plus à nos ennemis, dit-il, d'autres ressources que celle dont s'avisa le sénat de Rome, quand, voyant le peu de succès de toutes ses batteries contre les Gracques, il s'avisa de cet expédient pour perdre les patriotes. Ce fut d'engager un tribun à enchérir sur tout ce que proposerait Gracchus, et, à mesure que celui-ci ferait quelque motion populaire, à en faire une bien plus populaire encore, afin de tuer ainsi les principes et le patriotisme par les principes et le patriotisme poussés jusqu'à l'extravagance. Le Jacobin Gracchus proposait-il le repeuplement et le partage des terres de deux ou trois villes conquises, le ci-devant Feuillant Drusus proposait d'en partager douze. Gracchus mettait-il le pain à seize sous, Drusus mettait à huit sous le *maximum*. Ce qui lui réussit si bien, que, dans peu, le peuple du Forum, trouvant que Gracchus n'était plus à la hauteur, et que c'était Drusus qui allait au pas, se refroidit pour son véritable défenseur, qui, une fois dépopularisé, fut assommé par l'aristocrate Scipion Nasica dans la première insurrection. »

Camille Desmoulins, qui ne se gênait guère pour envoyer ses amis à la mort, s'élève dans le numéro suivant contre le gouvernement de la Terreur et la loi des suspects. Il trace un tableau des accusations de lèse-majesté, à Rome. Mais ce tableau, — personne ne s'y trompa, — s'applique à Paris :

« ... Bientôt ce fut un crime de lèse-majesté ou de contre-révolution à la ville de Nursia d'avoir élevé un monument à ses habitants morts au siège de Modène, en combattant cependant sous Auguste lui-même, mais parce qu'alors Auguste combattait avec Brutus ; et Nursia eut le sort de Pérouse. — Crime de contre-révolution à Libon Drusus d'avoir demandé aux diseurs de bonne aventure s'il ne posséderait pas un jour de grandes richesses. — Crime de contre-révolution au journaliste

Cremutius Cordus d'avoir appelé Brutus et Cassius les derniers des Romains. — Crime de contre-révolution à un des descendants de Cassius d'avoir chez lui un portrait de son bisaïeul. — Crime de contre-révolution à Mamercus Scaurus d'avoir fait une tragédie où il y avait tel vers à qui l'on pouvait donner deux sens. — Crime de contre-révolution à Torquatus Silanus de faire de la dépense. — Crime de contre-révolution à Pétreius d'avoir eu un songe sur Claude. — Crime de contre-révolution à Appius Silanus de ce que la femme de Claude avait eu un songe sur lui. — Crime de contre-révolution à Pomponius, parce qu'un ami de Séjan était venu chercher un asile dans une de ses maisons de campagne. — Crime de contre-révolution d'être allé à la garde-robe sans avoir vidé ses poches et en conservant dans son gilet un jeton à la face royale, ce qui était un manque de respect à la figure sacrée des tyrans. — Crime de contre-révolution de se plaindre des malheurs du temps ; car c'était faire le procès du gouvernement. — Crime de contre-révolution à la mère du consul Fusius Germinus d'avoir pleuré la mort funeste de son fils.

. . . .
. . . .
. . . .

Tout donnait de l'ombrage au tyran. Un citoyen avait-il de la popularité ? C'était un rival du prince qui pouvait susciter une guerre civile : *Studia civium in se vertere ; et si multi idem audeant, bellum esse.* Suspect. — Était-il vertueux et austère dans ses mœurs ? bon ! nouveau Brutus, qui prétendait, par sa pâleur et sa perruque de

Jacobin, faire la censure d'une cour aimable et bien frisée : *Gliscere æmulos Brutorum, vultus rigidi et tristis, quo tibi lasciviam exprobrent.* Suspect. — Était-ce un philosophe, un orateur, ou un poète? Il lui convenait bien d'avoir plus de renommée que ceux qui gouvernaient : *Virginium et Rufum claritudo nominis.* Suspect. — Enfin, s'était-on acquis de la réputation à la guerre? on n'en était que plus dangereux par son talent : *Militari fama metum fecerat.* Suspect.

Ces violentes apostrophes valurent à Camille d'être rayé de la liste du club des Jacobins. Le 1er avril 1794, il était arrêté et, cinq jours après, il allait porter sa tête où il en avait fait tomber tant d'autres.

Camille Desmoulins eut aussi un autre journal *les Révolutions de France et de Brabant* (in-8°, avec figures).

Une partie du septième numéro est digne d'être citée, car il a trait à un épisode de l'histoire du journalisme.

Desmoulins raconte ainsi une séance de l'Assemblée nationale, où son journal avait été dénoncé par Malouet :

« Victor Malouet avait assez bien arrangé son plan de procédure, mais il n'a pas joui longtemps de sa victoire. Il avait habilement saisi l'avantage

D'une nuit qui laissait peu de place au courage.

« Mais Dubois-Crancé a rallié les patriotes ; et j'ai eu la gloire immortelle de voir Péthion, Lameth, Barnave, confondre les périls d'un journaliste avec la liberté, et livrer, pendant quatre heures, un combat des plus opiniâtres pour m'arracher aux mains qui m'amenaient captif. Maints beaux faits ont surtout signalé mon cher Robespierre. Cependant la victoire restait indécise, lorsque Camus qu'on était allé chercher au poste des archives, arrivant sans perruque et le poil hérissé, se fit jour au travers de la mêlée, et parvint enfin à me dégager d'entre les mains des aristocrates, qui, malgré l'inégalité des forces, se battaient en désespérés. Il était onze heures et demie : Mirabeau Tonneau était tourmenté du besoin d'aller rafraîchir son gosier desséché ; et je fus redevable du silence qu'obtint Camus, moins à la sonnette du président, qu'à la sonnette de l'office, qui appelait les ci-devants et les ministériels à souper. Ils abandonnèrent enfin le champ de bataille ; je fus ramené en triomphe ; et à peine ai-je goûté quelque repos qu'un *chorus* de colporteurs patriotes vient m'éveiller du bruit de mon nom, et crie sous mes fenêtres : *Grande confusion de Malouet ; grande victoire de Camille Desmoulins !* etc. »

Camille, dans d'autres numéros, attaque la reine avec un violent cynisme. Il ose appeler ses abondantes aumônes des *charités liberticides*.

« C'est, dit-il, le crime de Manlius, qui distribuait au peuple du blé pour r gner, ce qui le fit précipiter de la roche Tarpéienne. .is de telles aumônes pourraient bien être pour ell( )n pas les degrés du trône du despotisme, mais l'éc e de l'échafaud. »

Abordons maintenant l'étude des journaux réactionnaires au service de la contre-révolution [1]. C'est parmi les rédacteurs de ces feuilles que se trouvent les hommes les plus courageux. Quand la peur glace tout le monde, eux seuls osent élever la voix et au péril de leur tête.

Le journal le plus intéressant, la feuille la plus piquante, la plus spirituelle, la plus amusante, de la Révolution, c'est le journal intitulé : *les Actes des Apôtres*. Il avait pris pour épigraphe : *Quid domini facient, audent quum talia fures ? — Liberté, gaieté, démocratie royale* (l'an de la liberté zéro). Il eut

---

[1] Un pamphlet contre-révolutionnaire de 1790, le *Secret de la condition des ennemis de la Révolution française*, disait que, depuis 1789, la Prusse jouait, en France, le rôle d'agent provocateur ; naturellement on y trouve la présence d'un Juif :

« Le sieur Ephraïm, banquier, juif, neveu de cet autre Ephraïm qui, ministre de Frédéric le Grand, pendant la guerre, ne trouva d'autre ressource que d'inonder l'Allemagne de fausse monnaie ; le sieur Ephraïm est ici entretenu par le roi de Prusse. Il prétend être chargé d'acheter des biens nationaux ; et il n'y a pas une seule offre de faite par lui ; tantôt il annonce être chargé de proposer un traité de commerce, et un traité de commerce entre la France et la Prusse est une incroyable chimère. Cet homme passe sa vie avec MM. de Lameth et Mme de Sillery (de Genlis) ; il a des conférences secrètes avec M. d'Orléans, il est introduit chez lui, la nuit, par une porte ; il a de fréquents entretiens avec le ministre de Prusse ; et il touche souvent des sommes considérables chez M. de Laborde. Cet homme s'environne de tous les subalternes révolutionnaires qui remplissent nos cafés et y fomentent l'exaltation. Cet homme ne parle de notre révolution qu'avec un enthousiasme suspect. Enfin cet homme répète et ose dire au milieu d'un café qu'il n'y aura de liberté en France que lorsqu'on aura tué la reine. »

317 numéros; les six derniers furent intitulés *Les Petits Paquets*.

Les rédacteurs des *Actes des Apôtres* de la Révolution étaient le comte de Montlosier, le vicomte de Lanjuinais, Bergasse, le Chevalier de Champcenets, le comte de Rivarol.

Ils ont la plume de Juvénal ou de l'Arétin, mise au service de la politique. Ils ont le ton leste des meilleurs polémistes; ils défendent la religion et le clergé, le bon sens, le vrai patriotisme, la vraie liberté. Ils ont la riposte prompte.

Les *Actes des Apôtres* forment certainement le recueil le plus satirique et le plus amusant à consulter.

« La façon de composition de ce journal est assez singulière[1]. »

« Une fois par semaine, les apôtres (les rédacteurs) font ce qu'ils appellent leur *dîner évangélique* aux tables du restaurateur Mafs, au Palais-Royal[2]. Maury, Montlausier, Mirabeau le jeune, qui dépense toute la verve qu'il n'a pas épuisée dans ses journaux *les Déjeuneurs du mardi*, *les quatre Repas*, *le Coucher ou la Vérité toute nue*, *la Moutarde après dîner*, *la Tasse de café sans sucre*, sont du festin. Tous causent; les apôtres écrivent la

---

[1] La *Société Française pendant la Révolution*, par Ed. et J. de Goncourt, ch. x.

[2] *L'Observateur*, mars 1790.

conversation sur un coin de table, et, dit-on, le numéro ainsi fait est laissé sur la carte de Mafs, et de Mafs passe chez Gattey[1]. »

Il faut avouer que cette conversation devait être bien spirituelle, ainsi qu'on pourra en juger par les extraits suivants des *Actes des Apôtres*.

Il y a au numéro 5 un amusant portrait de Robespierre :

M. de Robespierre est cité dans tout l'Artois comme un auteur classique. Il lui est même échappé des ouvrages de pur agrément que tous les gens de goût ont recueillis : et nous croyons faire plaisir à nos lecteurs, en leur faisant connaître un madrigal de M. de Robespierre, qui a fait le désespoir de la vieillesse de M. de Voltaire :

> Crois-moi, jeune et belle Ophélie,
> Quoi qu'en dise le monde, et malgré ton miroir,
> Contente d'être belle et de n'en rien savoir,
> Garde toujours ta modestie.
>
> Sur le pouvoir de tes appas
> Demeure toujours alarmée ;
> Tu n'en seras que mieux aimée,
> Si tu crains de ne l'être pas.

« M. de Robespierre ne se borne pas à la littérature légère. Il dirige le journal intitulé *l'Union ou Journal de la liberté*. Nous invitons nos lecteurs à lire avec attention la séance du soir de samedi 21. Ce morceau est entièrement dans la manière de Tacite ; et, quand on le rap-

---

[1] Le *Rôdeur Français*, n° 10.

proche du madrigal que nous venons de faire connaître, on se rappelle involontairement que l'auteur de l'*Esprit des lois* a fait aussi le *Temple de Gnide*.

Le numéro 10 est consacré à Guillotin et à sa Guillotine.

>Guillotin,
>Médecin
>Politique,
>S'avise un beau matin,
>Que pendre est inhumain
>Et peu patriotique.
>
>Aussitôt
>Il lui faut
>Un supplice,
>Qui, sans corde ni poteau,
>Supprime du bourreau
>L'office.
>
>C'est en vain que l'on publie
>Que c'est pure jalousie
>D'un suppôt
>Du tripot
>D'Hippocrate,
>Qui d'occire impunément,
>Même exclusivement,
>Se flatte.
>
>Le Romain
>Guillotin,
>Qui s'apprête,
>Consulte gens du métier,
>Barnave et Chapelier,
>Même le Coupe-tête.

> Et sa main
> Fait soudain
> La machine,
> Qui proprement nous tuera,
> Et que l'on nommera
> Guillotine.

Le numéro 26 nous parle de la contribution du quart du revenu et du bon citoyen.

> Un quidam, bon mari, mais meilleur citoyen,
> Rêvant patriotisme, et songeant au moyen
> Que Necker a trouvé pour sauver la patrie,
> Lui dit : « Voilà ma femme : elle est jeune et jolie ;
> Elle inspire à la fois l'amour et l'amitié.
> Vous demandiez mon quart : je donne ma moitié. »

Le numéro 27, dans des vers imités d'*Athalie*, nous fait voir les portraits des membres de l'Assemblée.

> Grégoire, du clergé zélé persécuteur,
> Des juifs, des usuriers, généreux protecteur ;
> Bailly, du haut des cieux descendu sur la terre
> Pour porter des districts le sceptre populaire ;
> Lameth, dans un couvent guidé par son grand cœur,
> De cinquante nonnains intrépide vainqueur ;
> Lameth, renouvelant de cellule en cellule
> Les exploits fabuleux de Thésée et d'Hercule.
> Le sublime Siéyès, le compas à la main,
> Mesure avec Thouret les droits du genre humain.
> Robespierre, animé d'un héroïque zèle,
> Répand au loin les feux de la sainte chandelle.

Goupil, Bouche, Dutrou, l'éloquent Péthion,
Perdrix, Sallé, Fricot, et le docte Lasnon,
Du tiers état vainqueur éternisant la gloire,
Vont de leurs noms heureux embellir notre histoire, etc.

Le numéro 65 est particulièrement amusant :

LES CONSOLATIONS

LE PRIEUR

Eh zic, eh zic, eh zoc,
Eh fric, eh fric, eh froc
Quand les bœufs vont deux à deux
Le labourage en va mieux.

Qu'avec fureur on supprime
Casuel, calotte et dîme,
Je me moque de ces lois,
Si je puis à ma servante,
Dont le joli nez me tente.

Le soir dire en tapinois :
Eh zic, eh zic, eh zoc,
Eh fric, eh fric, eh froc,
Quand les bœufs vont deux à deux
Le labourage en va mieux.

LE COMTE

Eh zic, etc.

Qu'on rogne mon héritage,
Et qu'on m'ôte mon plumage,
Je m'en moque avec raison,
Si, fidèle à ma folie,
Je puis, à ma fantaisie,
Dire avec quelque tendron :
Eh zic, etc.

LE MINISTRE

 Eh zic, etc.

Ma besogne est bien facile,
Car je suis fort inutile,
Et j'en sens bien tout le prix.
N'ayant plus aucune affaire,
Je passe mon ministère
A dire avec ma Philis :
 Eh zic, etc.

UNE DEMOISELLE DE L'OPÉRA

 Eh zic, etc.

Adieu donc, mon équipage
Mes bijoux, mon étalage ;
Plus d'abbés ni de marquis.
Leur peine, hélas ! me désole,
Mais un danseur me console,
Et nuit et jour je lui dis :
 Et zic, etc.

. . . .

UN GRENADIER NATIONAL

 Eh zic, etc.

Je ne fais plus de ripaille ;
Je n'ai plus ni sol ni maille :
Je crois que je meurs de faim ;
Mais je porte un très beau panache,
Un bonnet, une moustache,
Et dis, du soir au matin :
 Eh zic, etc.

. . . .

Le numéro 154 nous montre l'esprit de l'Assemblée nationale :

BARNAVE. Le sang qui vient de couler est-il donc si pur[1] ?

UN ARISTOCRATE. Messieurs, les jours du roi sont menacés : volons à son secours ; entourons sa personne.

RÉPONSE. Il serait contre la dignité du pouvoir législatif de se transporter dans le palais du pouvoir exécutif.

JUDAS ISCARIOTE, évêque d'Autun. Relevons-nous réciproquement de nos serments.

. . . .

UN ENNEMI DE LA RÉVOLUTION. Messieurs, on pille, on brûle, on assassine.

RÉPONSE. La question préalable.

M. DE ROBESPIERRE. Ces accidents ne proviennent que d'une méprise.

LE COTÉ DROIT. Messieurs, mettez fin à tant d'horreurs. En Bourgogne, en Limousin, en Périgord, on brûle les châteaux, et les nobles n'évitent la mort que par la fuite.

M. DE ROBESPIERRE. Ce sont les aristocrates qui égarent ce bon peuple.

Dans le numéro 160, *les Actes des Apôtres* se réjouissent d'être enfin sous un régime de liberté :

---

[1] C'était une allusion à cette phrase malheureuse et sinistre échappée à Barnave après les massacres de juillet 1789.

Depuis longtemps nous gémissions
    Sous un joug despotique.
Et point alors ne connaissions
    L'esprit patriotique ;
Mais tout a bien changé de ton
La faridondaine, la faridondon,
Nous sommes libres aujourd'hui,
    Biribi,
  A la façon de Biribi,
    Mon ami.

Nos aïeux, avec leur bon sens,
    Etaient bien en arrière ;
Leurs neveux à pas de géants
    Marchent dans la carrière.
Plus d'honneur, de religion :
La faridondaine, la faridondon.
L'intérêt règle tout ici,
    Biribi, etc.

Autrefois on ne nous jugeait
    Qu'en observant la forme ;
Et ce vieux préjugé semblait
    A la raison conforme.
On n'y fait plus tant de façon :
La faridondaine, la faridondon ;
Car le peuple s'éclaire ici,
    Biribi, etc.

Un artisan, mourant de faim.
    Disait : F....., on nous berne :
Je suis libre, et je n'ai point de pain.
    — Soudain à la lanterne
On vous l'accroche sans façon :
La faridondaine, la faridondon.
Ah ! l'on est humain à Paris,
    Biribi, etc.

> Soustraits au joug du célibat,
> Prêtres, moines et nonnes
> Pourront, dans un plus doux état,
> Engager leurs personnes.
> A leur aise ils en tâteront :
> La faridondaine, la faridondon,
> Et par l'hymen seront unis,
> Biribi, etc.

Numéro 199 :

> Quinze milliers de potences,
> Qui seraient fort bien en France,
> Attesteront la clémence
> Et la verte vigilance
> De monsieur l'Empereur, etc. [1].

Dans le numéro 267, on se moque des messes célébrées en l'honneur de feu Mirabeau :

> En tapinois je ris tout bas,
> Quand je vois tout ce qui s'empresse
> D'aller, sans y croire, à la messe
> Pour un mort qui n'y croyait pas.

Un autre numéro raille malicieusement le duc d'Orléans, qui a fait ôter les fleurs de lis de ses armoiries :

> Un ci-devant prince de Gaule,
> Mais qui n'est qu'un franc polisson,
> Fait rayer de son écusson
> Ce qui lui manque sur l'épaule.

Un poète contemporain écrivait aux rédacteurs de cette feuille :

J'ai lu vos charmants numéros,
Et mon cœur vous en remercie :
De l'auguste démocratie
J'ai reconnu tous les héros.
J'ai ri de voir tous les grelots
De Momus et de la Folie
Agités sur la tête impie
De ces Érostrates nouveaux.
Qui bouleversent leur patrie,
Et qui, d'une voix si hardie,
Osent nous vanter leurs travaux.
Jamais avec autant d'adresse
On n'a su démasquer les sots.

. . . .
. . . .

On doit à Gorsas le *Courrier de Paris*[1] (5 juin 1789 au 31 mai 1793). On y trouve fort bien retracés le procès de Louis XVI et toute la série de drames qui vinrent aboutir à la proscription des Girondins.

Gorsas paya de sa vie sa lutte sans trêve contre les crimes de la Terreur.

Le *Journal des Halles* (in-8°) est un ennemi déclaré des Jacobins. Voici un extrait du numéro 3 :

« Ce ne sont pas les aristocrates que j'avons à craindre ; c'est une autre clique qui s'assemble aux Jacobins de la rue Saint-Honoré, et qui, si on la laissait faire, nous mettrait bientôt dedans, sans que nous nous en doutions. Ils se font appeler *les amis de la constitution* ; et, malgré

---

[1] Ce journal avait d'abord paru sous le titre de *Courrier de Versailles à Paris, et de Paris à Versailles* et sous celui de *Courrier des départements*.

ce nom, ils sont les plus grands ennemis du roi ; car ils voudraient en faire un roi en peinture qu'on puisse mener par le nez. Mais ça ne fait pas notre compte. Je voulons avoir un roi qui puisse se mêler des affaires, sans cependant y nuire ; un roi à qui il ne soit pas possible de faire le mal, mais qui ait le droit de faire le bien. Mais non : les jacobinistes n'entendent point cela ; ils ont une autre manière de voir, et avec leur grand mot de *liberté*, ils vous fourront droit comme un I dans l'esclavage. »

La Gazette de Paris (in-4°) avait pour rédacteur le brave de Rozoy, qui fut arrêté après le 10 août.

Les *Sabbats jacobites* (in-8°), journal de Marchant, eurent un grand succès. Il paraissait deux fois par semaine.

Le *Journal du Soir* (in-8°) était d'une grande violence :

« ... Les députés à la nouvelle législature n'auront plus maintenant qu'une petite formalité à remplir avant d'entrer au manège. Ils sont priés de faire vérifier non pas leurs pouvoirs, mais leurs épaules[1]. »

Le *Journal de Suleau* valut la mort à son rédacteur, qui fut égorgé le 10 août par la populace, excitée par la fameuse Théroigne de Méricourt.

A deux liards, à deux liards mon journal (1791-1792) fut aussi violent :

---

[1] N° du 22 septembre 1791.

« ... Les trois quarts et demi du peuple attendent, avec autant d'impatience que les aristocrates, l'arrivée des troupes étrangères et des émigrants[1]. »

Un autre journal, qui se rapproche beaucoup des *Actes des Apôtres*, c'est *le Journal de la cour et de la ville*, journal quotidien.

Il est l'interprète fidèle de la réaction. Il est l'expression des haines implacables contre la Révolution et la Terreur. Ce journal est à la fois spirituel, amusant, énergique. Son directeur Gautier n'a peur de rien, et il ne se gêne en aucune façon pour dire leur fait aux patriotes. Dans les premiers articles, le ton est ironique, moqueur, mais au fur et à mesure que la Révolution grandit par ses horreurs, il devient véhément.

Prenons des extraits de quelques-uns des numéros les plus remarquables. Dans un numéro de 1790, on lit :

« On lève des milices dans les Etats du roi de Sardaigne. C'est le spectacle touchant du bonheur dont nous jouissons depuis que nous sommes libres, qui suggère à ce prince toutes ces précautions. Nous n'avons plus à Paris ni foi, ni loi, ni pain, ni paix, et encore moins d'argent, disent les aristocrates. Nous ressemblons à ce sage de l'antiquité, qui jeta dans la mer tout ce qu'il possédait, et s'écria majestueusement : Je suis libre ! Nous serait-il

[1] N° 11.

permis de remarquer que les aristocrates ne sont pas juges compétents de la révolution française? Ils n'en voient que les légers inconvénients, et n'en sentent point les douceurs. Ils sont comme ce satrape persan, qui ne comprenait pas les délices du brouet noir des Lacédémoniens. »

Numéro du 9 juin 1790. — A propos du projet de vente des maisons royales :

> Cet indigne Sénat, qui détrôna son maître,
> Et, pour trois gros écus, veut rajeunir la loi;
> Démolit des palais, et ne pense qu'à soi
> En conservant Bicêtre.

Dans un autre numéro, on se moque du panache :

« Le décret qui a organisé la coiffure de nos futurs magistrats ayant laissé à désirer quelques explications sur l'article du *pannache*, nous nous empressons de faire part à nos lecteurs d'une note extraite des œuvres posthumes d'un étymologiste allemand. Le mot *pan-na-che*, composé de trois syllabes, est un dérivé du mot *chenapan*, dont il est l'anagramme très exacte. Suivant une ancienne chronique, on appelait ainsi de prétendus prud'hommes, se disant experts en fait de justice. »

Dans un autre, on raille agréablement :

« Un jour viendra où le peuple prendra pour aristocrates bien des gens qui ne s'y attendent pas. »

Le numéro du 3 février 1791 est des plus amusants ; il nous donne un « tableau de famille frappant par la ressemblance ».

DEMANDE. Qui envoie des députés aux États, et les forçats à la chaîne ?

RÉPONSE. Le bailliages et les présidiaux.

DEMANDE. Qui envoie-t-on aux galères et aux Etats ?

RÉPONSE. Des escrocs, des fripons, des intrigants, quelquefois des innocents.

DEMANDE. Qui prend-on de préférence ?

RÉPONSE. Des gens de lettre et de marque.

DEMANDE. Où se fait le travail des forçats et des députés ?

RÉPONSE. Sur des bancs.

DEMANDE. Qu'ont fait les députés et les galériens ?

RÉPONSE. Du mal à leurs concitoyens.

DEMANDE. Que font les galériens dans le bagne, et les députés à l'Assemblée ?

RÉPONSE. Ils jurent à tout propos, s'injurient, et font un vacarme épouvantable.

DEMANDE. Que fait-on aux galériens, quand on les prend en flagrant délit ?

RÉPONSE. On les pend.

DEMANDE. Que fera-t-on aux députés qui ont trahi leurs serments ?

RÉPONSE..........

Le journal n'est pas tendre pour le clergé constitutionnel.

Le numéro du 11 mars 1791 contient un article sur le cardinal Loménie de Brienne, qui avait prêté serment à la constitution civile du clergé :

« Le cardinal l'Ignominie vient d'être nommé à l'évêché de Toulouse. Il cédera au désir que ses nombreux enfants témoignent de le revoir... »

Le numéro du 12 mars 1791 contient des vers sur la nomination de l'abbé Lamourette au siège épiscopal de Lyon :

> Pour remplir un évêché,
> Au gré de maint débauché,
> On a choisi Lamourette :
> Turlurette, turlurette.
>
> Les uns aiment le sermon ;
> D'autres la confession :
> Je préfère Lamourette :
> Turlurette, turlurette,
>
> Les fillettes de Lyon,
> Eprises d'un si beau nom,
> Ne pensent qu'à Lamourette :
> Turlurette, turlurette.
>
> Dans un écrit plein de feu,
> Il prouve qu'on n'est heureux
> Qu'en tâtant de Lamourette :
> Turlurette, turlurette.

Voici maintenant une note sur l'Assemblée nationale :

> Il est un corps fameux dans un état critique.
> Des plus grands médecins il est abandonné.
>   Le côté gauche est gangrené ;
>   Le côté droit paralytique.

Puis ceci sur l'élection des évêques constitutionnels :

« On rencontre à chaque instant des évêques à Paris. Il y en a actuellement deux cent dix environ. Dans les rues, un bonhomme salue l'homme à croix d'or ; une poissarde lui lâche un quolibet ; un sans-culotte le traite de f..... aristocrate. On propose, pour éviter les méprises envers les évêques nationaux, de leur donner un costume. Un ruban tricolore indiquera l'évêque constitutionnel. Sur le ruban sera brodée en or la lettre J, significative du jurement. Si l'on veut y ajouter une F, la distinction sera complète. »

En juin 1791, le journal contient un « Portrait de Philippe le Rouge » (le duc d'Orléans) :

> Cuirassé de forfaits, de bassesse et d'audace,
> Tous les crimes sont peints sur sa hideuse face.
> Digne chef des brigands qu'il paye en souverain,
> Il assiège le trône, un poignard à la main.

Trois jours après vient un portrait peu flatteur de l'Assemblée :

« ..... L'Assemblée nationale ressemble à un arracheur de dents, qui, au lieu d'arracher la dent, emporte la mâchoire. »

Le 14 novembre 1791, le journal parle des *volontaires nationaux* :

On voit des volontaires
Prenant partout ce qui leur duit,
S'exercer ainsi jour et nuit
Pour *voler* bientôt aux frontières.

Un autre numéro contient une longue pièce de vers sur l'*armée nationale* :

Ils n'ont vu, ces pauvres garçons,
Le feu que devant leurs tisons,
   Et vont sur la frontière.
Ah! qu'ils vont croquer d'émigrants !
Car ils sont gens, car ils sont fou,
   Oui, gens foudres de guerre.

Leur ardeur n'a pas pris le temps
De rapiécer leurs vêtements :
   On leur voit le derrière.
Qu'importe s'ils sont mal vêtus ?
L'ennemi verra les c... nus
De tous ces gens, de tous ces fou,
   Ces gens foudres de guerre.

Pourquoi reprocher à ces preux,
Qu'ils sont borgnes, bossus, boiteux ?
   D'être c'est leur manière.
Ne regardez pas aux étuis :
Ces corps grotesquement construits
Ont des cœurs mou, ont des cœurs mou,
   Oui, moulés pour la guerre.

De canon, cheval, ni mousquet,
Jamais l'exercice ils n'ont fait ;
   Mais c'est une misère.
Les droits de l'homme déclarés
Font que tous talents sont entrés
Chez tous ces gens, chez tous ces fou,
   Ces gens foudres de guerre.

Jadis, le seul bruit du canon.
Sauf respect, dans leur pantalon,
  C... leur faisait faire.
Mais sainte Constitution
A fait de notre maison
Un tas de gens, un tas de fou,
  Des gens foudres de guerre.

Que peuvent Monsieur et d'Artois,
Condé, Bourbon et tous les rois
  De tout notre hémisphère ?
Pontifes, princes, royauté,
Tout fuit, grâce à la liberté,
Devant nos gens, devant nos fou.
  Nos gens foudres de guerre.

Le Journal de la Cour et de la ville n'est décidément pas tendre pour le duc d'Orléans.

Il souhaite sa mort.

« Depuis quelque temps, la santé de M. le duc d'Orléans devient très mauvaise. Ses pustules le font beaucoup souffrir. Vendredi dernier, Son Altesse passa une très mauvaise nuit. Il éprouva des démangeaisons au cou, et eut même un peu d'esquinancie ; mais on espère qu'il sera bientôt quitte de cette incommodité, par les soins du *docteur Guillotin*. »

On peut bien avouer que le duc d'Orléans ne l'avait pas volé.

Quand la presse publique fut traquée de toutes parts, quelques héroïques journalistes firent des journaux clandestins, qui étaient répandus à travers la foule avec une rare audace.

Il y eut l'*Avertisseur*, dont les rédacteurs furent Gautier et Lafage. C'était un journal-affiche qui paraissait destiné en apparence à annoncer des brochures. Ce journal publiait, le 3 janvier, un article ayant pour titre : *Adresse de cent cinquante communes de la Normandie à la Convention nationale sur le jugement de Louis XVI.*

Il disait :

« Pourquoi, depuis deux ans, ne recherchez-vous pas les auteurs d'un si grand nombre de meurtres ?

« Ah ! ce silence ne prouve que trop que les meurtriers siègent parmi vous ; que vos bras sont armés contre votre souverain. Eloignés du tumulte des passions, loin de la ville où des brigands vous dictent des lois, nous ne connaissons notre roi que par ses vertus et par ses malheurs..... Nous allons faire imprimer notre adresse, avec invitation à tous les vrais Français de se soustraire à la domination d'infâmes régicides. Nous irons chercher notre souverain, le soustraire à ses bourreaux, ou, s'ils ont consommé leur crime, le venger, etc. »

C'était vraiment du dévouement sublime d'oser écrire cela à un tel moment.

Il y eut aussi le *Journal Français* (du 15 novembre 1792 au 7 février 1793), dû à la plume de Nicolle de Ladevèze.

Il tapait dur et ferme sur les Jacobins, ce Nicolle.

Dans le numéro du 15 novembre 1792, il écrivait :

« Frères et amis, vous êtes *souverains*, car vous le dites tous les jours à votre tribune. Vous êtes *savants*, car les frères Merlin et Desmoulins donnent gratis un journal qui fait l'admiration des quatre-vingt-trois départements et de l'Europe entière. Vous êtes humains, car Collot-d'Herbois a dit qu'il fallait environner de toute l'estime possible les belles journées des 2 et 3 septembre, et Collot-d'Herbois n'a jamais menti ; vous êtes de *grands publicistes*, car Fabre d'Églantine a prouvé que Montesquiou et Jean-Jacques Rousseau n'étaient que des petits garçons auprès des frères, Chabot et Bentabole. D'après ces vérités qui sont aussi incontestables que l'*infaillibilité* du comité de surveillance, nous avons la *fraternité* de vous envoyer le premier numéro d'un journal que nous entreprenons.

« ..... La *calomnie* que vous employez si utilement pour le salut de nos frères, nous en ferons le moins d'usage possible ; car, vous le savez, *frères et amis*, quand on parle de vous, *il n'est guère possible de vous calomnier*[1]. »

Quelques jours après, un numéro attaquait encore la même société :

« *Le club des Jacobins.*

« Un *temple est élevé à la licence au milieu de Paris*. Les autels y sont desservis par une foule d'*adorateurs incen-*

[1] 28 novembre 1792.

diaires, et les dénonciations sont l'encens qu'on offre à cette hideuse divinité. Tout ce que le crime a de plus abject, ce que l'injustice a de plus révoltant, ce que l'intrigue a de plus vil, s'y trouve concentré et y fermente avec ébullition.

« Les passions y sont flattées, les goûts de la multitude y sont caressés avec complaisance, et les forfaits y sont voilés sous le prétexte spécieux du bien public. La calomnie est la monnaie courante du pays ; l'audace est un sûr passeport pour entrer sur cette terre déshonorée, et, pour comble d'infamie, le nom de Marat y est vénéré, etc. »

Le lendemain de la mort du roi, Nicolle ne se gênait pas pour mettre dans son journal l'article suivant :

« Il est inutile de le dissimuler : Paris est plongé dans la stupeur. La douleur muette, pour me servir d'une expression de Tacite, se promène dans les rues, et la terreur, qui enchaîne l'expression de tous les sentiments, se lit gravée sur le front des citoyens. Le roi est mort ; l'anarchie est-elle aux abois ? Les factieux sont-ils terrassés ? La sûreté individuelle des citoyens est-elle respectée ? L'assassin qui me poignardait est-il enchaîné ? Hélas ! jamais l'émigration ne fut plus active, plus effrayante... Vous ne savez donc pas que le comité de surveillance a été renouvelé, et que la liste des membres qui le composent est souillée encore une fois des noms des Bazire, des Chabot et d'autres hommes de sang, qui, dans ce moment, disposent souverainement de la réputation, de la fortune et de la vie des citoyens ? C'est le conseil des Dix de Venise ; ils n'ont qu'à dire : Poignardez, et l'on poignardera... »

Le jour de l'apparition de cet article, Nicolle fut arrêté et quinze jours après, son journal ne paraissait plus.

Du 24 novembre 1792 au 28 avril 1793, parut tous les jours, en numéro de huit pages in-8°, la *Feuille du matin* ou *Bulletin de Paris*. C'était un journal d'une rare audace, d'une intrépidité sans pareille. Quand la peur paralysait tout le monde, le journaliste ne se gênait guère pour flétrir les actes les plus monstrueux ou se moquer des maîtres du jour.

Il flétrissait les massacreurs de Septembre et riait de la mort de Lepelletier.

Quand la mémoire de Lepelletier était célébrée par la Convention dans une solennité publique, il écrivait :

> Tout est changé dans nos affaires,
> Jusqu'aux fourches patibulaires,
> Autrefois, c'était Montfaucon ;
> Aujourd'hui, c'est le Panthéon.

Il donnait l'épitaphe de Lepelletier :

> Ci-gît Michel Lepelletier,
> Représentant de son métier,
> Jadis président à mortier,
> Par la grâce de Louis seize,

> Contre lequel il a voté,
> Mort en janvier
> Chez Février
> L'an mil sept cent quatre-vingt-treize,
> Au jardin de l'Égalité.

En février 1793, la *Feuille du matin* chante :

> Allons, enfants de la Courtille,
> Le jour de boire est arrivé,
> C'est pour nous que le boudin grille...

Elle appelle Brissot « le plus instruit des filous et Condorcet « le plus doux des assassins ».

En mars, elle rédige les commandements du peuple :

> Tout bon Français égorgeras
> Ou le pendras pareillement...
> Bien d'autrui tu n'envieras,
> Mais le prendras ouvertement.

. . . .

Quand Louis XVI fut mort, la *Feuille du matin* publia cette épitaphe « *pour être gravée sur un tombeau d'un grand personnage mort en janvier* 1793 :

> Ci-gisent la vertu, l'honneur et l'innocence,
> Et tout le bonheur de la France.

Le numéro du 8 février disait :

« Une dame nous prie instamment d'insérer dans

notre journal l'épitaphe ci-après, *que nous croyons être celle de Charles Ier :*

> Ci-gît qui, malgré ses bienfaits,
> Fut immolé par ses propres sujets,
> Et qui, par un courage inconnu dans l'histoire,
> Fit de son échafaud le trône de sa gloire.
> . . . .

Et quand la Terreur est à son comble, quand la satire politique se tait, quand on ne publie plus que d'infamies ou licencieuses pièces, telles que : *la Lanterne nécessaire* et *la Lanterne merveilleuse;* — *les Etrennes de Samson à Louis XVI;* — *la Tête royale dans le sac;* — *l'Arrivée de Louis Capet aux Enfers, son interrogatoire et son jugement;* — *la Descente de la Dubarry aux Enfers et sa réception à la cour de Pluton par la femme Capet,* il y a encore un homme, un journaliste obscur qui ose élever la voix.

C'est Mercadier.

Il avait été l'un des membres les plus fougueux du club des Cordeliers, mais les massacres de Septembre l'avaient complètement dégoûté. Il commence par publier « l'*Histoire des hommes de proie, ou les amies du comité révolutionnaire*, où il flétrit Danton, Desmoulins, Marat, Hébert, Fabre d'Eglantine, qu'il traite de voleurs. Une vingtaine de jours avant la chute des Girondins, il imprime et publie un journal qu'il intitule :

Le véritable Ami du peuple, par un S.... b.... de

sans-culotte, qui ne se mouche pas du pied, et qui le fera bien voir (10 mai-26 juillet 1793).

La mise en accusation des Girondins ne lui cause aucune crainte et, caché dans son grenier, il imprime son journal que son héroïque femme va afficher pendant la nuit..

L'un de ses numéros est intitulé : *Tours de gobelets des paillasses de la Montagne pour endormir les Parisiens, et leur faire croire que les insurgés du Calvados sont des royalistes.*

Un autre a pour titre : *Rapport fait par Saint-Just au nom du comité de malheur public sur l'affaire des trente-deux. Infamie notoire de ce rapporteur, qui s'est déclaré l'avocat général de la faction des hommes de proie.*

Pendant deux mois, il déjoue les recherches, brave la police, et ne cesse que lorsque ses presses sont brisées.

Pendant près d'un an, Mercadier resta caché; mais, ayant eu l'imprudence d'écrire au lâche Legendre, celui-ci le dénonça.

Il fut condamné à mort ainsi que sa femme et tous deux moururent sur l'échafaud le 24 messidor an II.

Parmi les journaux parus après le 9 thermidor, je mentionnerai :

Le *Censeur des journaux*, par Gallais (763 numéros an III-an V.)

Le *Journal des Rieurs ou le Démocrate français*

par Martinville (an III). Dans le numéro 6, on trouve cet amusant couplet sur la *conversion* d'un aristocrate au sans-culottisme :

> Embrassons-nous, chers Jacobins ;
> Longtemps je vous crus des coquins
>   Et de faux patriotes.
> Je veux vous aimer désormais ;
> Donnous-nous le baiser de paix :
>   J'ôterai mes culottes.

La *Petite Poste de Paris*, journal satirique, qui dans un de ses numéros, publia un article intitulé *Prière du soir à l'usage des Français libres*.

« Je vous rends grâce, ô mon Dieu, de ce que vous avez daigné me préserver pendant cette journée des mandats d'arrêt et des interrogatoires du bureau central, des visites domiciliaires, des poignards des Jacobins, des embûches de Satan, dont je vous prie de me rendre indigne de plus en plus. C'est vous, Seigneur, que je dois remercier de ce que je n'ai pas trouvé ce soir le scellé mis sur la porte de ma chambre, de ce que mon bonnet de nuit et mes matelas ne sont point encore en réquisition, de ce que ma femme n'a pas encore demandé le divorce pour le bon plaisir de mes voisins... »

Le *Journal de Parlet* dont Louis Laroche était le principal rédacteur.

Le journal du *petit Gautier* qui remplaça le *Journal de la cour et de la ville*, interrompu en 1792. Ce *petit Gautier* publia une charmante pièce de vers sur l'ancien régime :

Dans le vieux régime, on avait
De voyager pleine licence,
Et sans passeport on pouvait
Faire vingt fois son tour de France.
Lorsque chez soi l'on demeurait,
Personne n'avait souciance
Combien de temps on y restait;
Et de vous point on n'exigeait
Certificat de résidence.
Son petit bien on cultivait
Avec une entière assurance
Qu'aucun citoyen ne viendrait
S'en emparer de violence,
Ou le brûler par ordonnance
De celui qui nous gouvernait.
Sans garnisaire on acquittait
Sa quote-part de l'assistance
Que chacun à l'Etat devait.
La guillotine encore était
Chez Lucifer, dont la vengeance
Ce maudit présent nous a fait;
Et jamais d'elle on n'entendait
Parler, non plus que de l'urgence
Qui fit rendre plus d'un décret
Pour assassiner l'innocence.

De temps en temps à la potence
Quelque vaurien on condamnait;
Mais le juge alors prononçait
Avec justice la sentence,
Et jamais on ne mitraillait,
Ne fusillait, ni ne noyait
Homme, femme, vieillesse, enfance,
Enfin, le genre humain complet.
Le terrorisme point n'avait
Imaginé sa diligence
Pour l'autre monde; et l'on partait
A petits pas, quand Dieu voulait,

Faisant en chemin pénitence.
Aux gens d'Église on reprochait,
Je le sais, trop peu d'abstinence ;
Le moine hors du couvent trouvait
Fille de joyeuse accointance,
Et plus d'une nonnain faisait
   Brèche à la continence.

Mais en cela rien n'empêchait
Le commerce ni la finance
D'aller leur train ; monsieur Truguet
N'était pas ministre de France ;
Et la farine se vendait
Le juste prix, en conscience.
Au demeurant chacun vivait
De son état avec aisance ;
Et le rentier, que l'on payait,
N'avait pas besoin d'assistance.
Oh ! le bon temps que celui-là !
Mes chers amis, il reviendra ;
Croyez-en mon heureux présage.
Un beau matin, pliant bagage,
Des mitrailleurs la troupe ira
Faire à Toulon le cabotage :
Le bonheur seul nous restera,
Et la liberté nous rendra
Tous les bienfaits de l'esclavage [1].

Il ne faudrait pas croire que c'est de nos jours seulement que les crieurs de journaux nous assourdissent à certaines heures de la journée ; on se tromperait étrangement. Le cri politique a toujours

---

[1] A côté de ces principaux journaux politiques dont nous venons de parler il y a eu encore un grand nombre de *petits journaux* dont il n'a paru qu'un seul ou un petit nombre de numéros. J'en donne une liste en appendice.

été à l'ordre du jour à Paris. Cela commence dès le début de la Révolution avec le petit pamphlet. On crie ainsi la *Grande trahison du comte de Mirabeau* et le *Catéchisme du genre humain*. Au moment de la Constitution civile du clergé, on ne crie pas, on déclame les pamphlets destinés à attirer sur les réfractaires la haine du peuple.

« On distribuait ces écrits à des hommes doués d'une voix sonore et d'un talent pour la déclamation proportionné au grossier auditoire qui leur était destiné, dit dans ses *Mémoires*[1] le marquis de Ferrières. La plupart de ces ouvrages étaient en dialogues. Le clergé y était peint sous des couleurs odieuses propres à leur attirer le mépris du peuple : ses richesses, son luxe, son ambition, ces vices y devenaient l'objet des plus violentes déclamations ; tout cela entremêlé de quelques contes bien orduriers de moines et de religieuses, de filles et d'évêques propres à égayer l'auditoire. Les deux interlocuteurs, montés sur des espèces de tréteaux, s'attaquaient réciproquement, animant leurs récits de gestes comiques. On pense bien que celui qui jouait le rôle d'avocat du clergé était fort bête, et que son adversaire n'avait pas de peine à triompher des faibles raisons qu'il alléguait en faveur des prêtres et à mettre les rieurs de son côté. »

Voici les colporteurs qui partent du quai des Augustins et s'élancent à travers les rues :

« V'là du nouveau donné tout à l'heure ! V'là les

[1] Tome II.

révolutions de Paris, par M. Prud'homme! V'là l'Ami du peuple, par M. Marat! V'là mon reste à deux liards, à deux liards! »

Et combien de gens vivaient de cette industrie? Dix mille.

Quelques cris de canards au hasard :

« Grand complot découvert! Aristocrate emprisonné! Arrêté du district des Cordeliers! Arrêté de la Commune! Partie de trictrac du roi avec un garde national! Naïveté du Dauphin! Combat à mort! »

Au petit jour, vers cinq heures et demie, la foule des acheteurs se massait rue Percée, à la porte du libraire Chevalier.

Tout le monde se faisait *proclamateur*. C'était, comme aujourd'hui, à qui enlèverait le premier du *papier*, et chaque borne devenait un comptoir où se revendaient les gazettes aux petits crieurs, car l'industrie des marchands de journaux en gros ne date pas d'hier.

La foule se portait aussi chez Gattey, qui avait ouvert au Palais-Royal la boutique fameuse *L'antre infernal de l'aristocratie*.

Ecoutez cette nomenclature de toutes les opinions représentées, comme aujourd'hui, par un ou plusieurs journaux. Les porteurs criaient : *La*

Chronique scandaleuse, le *Journal de la cour et de la ville*, la *Feuille du jour*, la *Feuille du matin*, les *Actes des apôtres*, l'*Apocalypse*, le *Coucher ou la Vérité toute nue*, la *Moutarde après dîner*, la *Tasse de café sans sucre*, l'*Agonie des trois bossus*, le *Déclin du jour*, le *Pot-pourri politique*, le *Rogomiste national*, le *Martyrologe national*, la *Lanterne magique nationale*, le *Dénonciateur national*, la *Lanterne de Diogène*, le *Tailleur patriote ou les Habits des J. F.*, le *Club des Halles*, le *Journal de la savonnette républicainne*, le *Rocambole des journaux* et toute la dynastie des *Père Duchesne*, avec son cri sinistre : « Achetez le Père Duchesne ! il est b....., en colère aujourd'hui, le Père Duchesne ! »

Et nous passons sous silence les titres orduriers et obscènes.

C'était comme aujourd'hui un véritable vacarme dans certains quartiers au grand amusement des amateurs de scandales.

V

LES SALONS DE PARIS

Les véritables salons de Paris sous la Terreur. — Les collèges transformés en prison. — Le Plessis. — Le régime des prisonniers. — Écoliers septuagénaires. — La duchesse de Duras au Plessis. — La Conciergerie. — Richard le concierge. — La souricière. — Le régime. — Les *pailleux*. — L'égalité dans la misère. — Le voleur Barrassin. — Le Bousinier. — Les Philancloches. — Comment on attendait la guillotine. — M. de Loiserolles. — Mlle de Bois-Béranger. — L'appel du soir. — Les chiens de la Conciergerie. — Riouffe. — Le Girondin Ducos. — Le grenadier Gosnay. — Vers de prisonniers. — Dialogues du Luxembourg. — Le savetier inspecteur des prisons. — La Force. — Le petit Foucaud. — Le régime. — Sainte-Pélagie d'après Mme Roland. — Les Madelonnettes. — Marino. — Le sieur Dupommier et Montaigne. — Le régime du Luxembourg. — Les amalgames. — Chaumette au Luxembourg.

Sous le règne de la liberté et après la proclamation des Droits de l'homme, il était tout naturel que les prisons regorgeassent de condamnés [1].

[1] Ange-Pitou, le chansonnier populaire, met en scène dans son *Tableau de Paris en Vaudeville* un paysan qui, voyant partout dans

C'était dans la logique des choses révolutionnaires. Il faut voir dans les récits du temps ce qu'était le régime des prisons. Ces prisons sont les véritables *Salons de Paris*. C'était là que se rencontrait la bonne société.

C'était dans ces antichambres de la mort, dont la porte de sortie ne s'ouvrait guère que sur l'échafaud, que s'entendaient les plus brillantes conversations.

En attendant l'appel suprême, on causait. On avait l'impertinence héroïque. On se moquait des bourreaux. Une grande dame, obligée de suivre son valet devenu son maître et son bourreau, lui criait: *L'on y va, canaille!* On avait le mépris de la mort[1] et plus d'une larme fut cachée par pudeur. Et dans la capitale des prisons et des prisonniers chante ainsi ses désillusions:

> J'avions entendu parler
> Qui n'y avait plus de Bastilles,
> Mais partout j'voyons forger
> Des clefs et des grilles.

. . . .

[1] Il y avait là aussi la routine de l'habitude. Dans les *Souvenirs de M. Audot*, on lit ces lignes au sujet des massacres de Septembre:

« Je vis des cadavres qu'on avait jetés les uns sur les autres. Les *prêtres* qui avaient traversé le carrefour Bucy étaient là entassés, *les corps coupés en morceaux;* on avait, dans une autre cour, formé d'autres tas avec des cadavres, qui avaient été traînés par les pieds; de sorte que le pavé avait été couvert de sang et qu'il avait fallu le laver à grande eau... Ailleurs, en allant du côté de la Force, j'ai rencontré des charrettes *pleines de cadavres* sur lesquels on avait jeté quelques couvertures. *Le peuple ne*

ces salons improvisés, on causait avec le charme, la grâce, la finesse, l'ironie, le ton délicat de la haute et bonne compagnie. Dans les rues, c'était le langage de la canaille; dans les prisons, c'était le langage des salons. Du reste, tous ceux qui avaient le ton de la bonne compagnie étaient là maintenant et ces nouveaux salons regorgeaient d'invités.

La Convention nationale avait supprimé les collèges et établissements d'instruction[1]. En revanche

paraissait pas le moins du monde ému. Peu de foule à ces grands spectacles, peu d'empressement et d'émotion. »

Mais tous les contemporains n'éprouvaient pas les mêmes sentiments de sécheresse et dans les prisons on suivait le massacre avec anxiété. On n'était pas encore aguerri :

« Vers quatre heures, écrit Jourgniac de Saint-Méard, les cris déchirants d'un homme que l'on *hachait* à coups de sabre nous attirèrent à la fenêtre de la tourelle, et nous vîmes le corps d'un homme étendu mort sur le pavé; un instant après, on en massacrait un autre, et *ainsi de suite*.

Plus loin, le même écrivain ajoute :

« Il est de toute impossibilité d'exprimer l'horreur du profond et sombre silence qui régnait pendant ces exécutions; il n'était interrompu que par les cris de ceux qu'on immolait et par les coups de sabre qu'on leur donnait sur la tête. »

[1] La Convention décréta, le 15 septembre 1793, l'abolition « sur toute la surface de la République, des collèges et des facultés de théologie, de médecine, des arts et de droit ». C'est ainsi qu'elle ouvrait une ère de lumière nouvelle en demandant l'obscurité et le 13 prairial an II, Barère s'écriait à la tribune : « Il y a quatre ans que les législateurs tourmentent leur génie pour fonder une éducation nationale. Qu'ont-ils donc obtenu? Qu'ont-ils établi? Rien encore; les *collèges sont heureusement fermés*, mais aucun établissement ne les a remplacés. »

Bouquot, préfet de la Seine-Inférieure, adressait au ministre Chaptal une lettre où il montrait ce qu'était devenu son ancien collège :

« Je me suis transporté à l'ancien collège de Louis-le-Grand.

on avait augmenté le nombre des prisons; et les collèges supprimés avaient été transformés en maisons de détention. Il en fut ainsi du collège Du Plessis qui prit le nom de *maison d'arrêt de la rue Saint-Jacques*[1] ou *maison d'arrêt de l'Egalité ;* du collège Saint-Jacques, etc.

Au Plessis, on amenait les prisonniers dont l'affaire n'était pas immédiatement au rôle :

Dans un récit contemporain publié par Nougaret en 1797, on peut lire des détails fort intéressants sur la maison d'arrêt de l'Égalité :

« Les fenêtres avaient été diminuées d'ouverture ; pour voir ou respirer, il fallait monter sur des chaises, encore

---

Je voulais savoir si mes fils joueraient à l'ombre des arbres qui avaient souri à la jeunesse de leur père. Les arbres avaient été arrachés, le collège changé en une prison hérissée de fer. Les bâtiments délabrés se soutenaient à peine ; l'asile des Muses avait été changé en un séjour de deuil et en atelier de destruction. Des larmes ont coulé de mes yeux. J'ai désespéré de son rétablissement, et la réflexion n'a fait que vérifier chez moi l'instinct du sentiment. »

(*Recherches sur l'instruction publique*. Beaurepaire, t. III.)

[1] J'ai trouvé trace de la transformation de ce collège en prison aux *Archives nationales* (W. 121, pièce 13). Un arrêté du comité de Salut public du 12 avril 1794 (23 germinal an II) dit : « Le comité de Salut public arrête que la police de la prison de la Conciergerie, et de la *maison d'arrêt de la rue Jacques,* ainsi que l'hospice établi dans les bâtiments du ci-devant évêché, appartiendra au tribunal révolutionnaire et à l'accusateur public. »

Signé au registre : Barère, Collot-d'Herbois, Carnot, Billaud-Varenne, C.-A. Prieur, Saint-Just, Robespierre, Couthon et Lindet.

Prière de noter la signature de Carnot qui approuvait qu'on fît une prison d'un collège.

travaillait-on à nous placer des abat-jour. Le Plessis, autrefois l'école de l'enfance, était alors celle du malheur et de la mort. Quelques-uns des prisonniers y avaient passé cette première jeunesse qui ne connaît que les peines légères de ses jeux contrariés ou de ses goûts astreints. Dans cette même cour où ils avaient exercé une gaieté folâtre, compagne de nos premiers ans, ils attendaient un acte d'accusation. On ne descendait qu'à l'heure des repas. Trois heures de promenade, vingt et une de cachot. Voilà comment nos moments s'écoulaient, jusqu'à celui où tout s'arrête… Le Plessis était la prison la plus dure de Paris ; elle était administrée par Fouquier-Tinville, et immédiatement sous sa discipline ; on était gouverné avec la plus sévère barbarie ; on n'en sortait ordinairement que pour aller à la mort [1]. »

« Cet ancien collège, écrit encore un contemporain qui y fit renfermé pendant une dizaine de mois, était devenu, pour ainsi dire, l'entrepôt général de la Conciergerie ; on y versait, dans le temps du triumvirat, une multitude de victimes de tout âge et de tout sexe que les cachots de la Conciergerie ne pouvaient contenir ; et cependant on faisait sortir tout les jours de cette dernière prison un grand nombre de victimes, pour les envoyer à la boucherie. Le Plessis était aussi le rendez-vous des accusés des départements, qui y arrivaient en foule, de sorte que la maison ne fut plus assez grande pour contenir les personnes qu'on y faisait refluer ; on fut obligé de

---

[1] *Histoire des Prisons de Paris et des départements, contenant des mémoires rares et précieux*. Ouvrage dédié à tous ceux qui ont été détenus comme suspects, rédigé et publié par P.-J.-B. Nougaret. Paris (an V), juin 1797, 4 vol. in-12.

percer les murs qui touchaient à l'ancien collège de Louis-le-Grand, et ces deux édifices ne formèrent plus qu'une seule et même Bastille. [1] »

La comtesse de Bohm [2], prisonnière, à la maison d'arrêt de la rue Saint-Jacques, a écrit :

« Le ci-devant collège du Plessis, réuni à celui de Louis-le-Grand, formait, sous le nom du premier, *la plus vaste prison de l'Europe*... C'était une prison exclusivement réservée au tribunal révolutionnaire, où l'on ne pouvait même être renfermé que par un ordre exprès de Fouquier-Tinville, accusateur public [3]. »

Les communications avec l'extérieur étaient rigoureusement interdites ; aussi le régime s'en ressentait :

« La nourriture était détestable, rien ne pouvait parvenir du dehors. Un mauvais vin nous était vendu fort cher, c'était le bénéfice des gardiens. A trois heures, on dressait, au milieu de la cour, une longue table mal fixée, on y rangeait cent assiettes malpropres, on la couvrait de trois plats dégoûtants. Il fallait déchirer la viande avec les doigts : privés de couteaux, nos seuls meubles utiles étaient un pot, un couvert de buis, une coupe... Un barbier venait tous les jours raser et friser ceux qui en avaient besoin. Le même bassin, le même savon, le

---

[1] Collection des Mémoires relatifs à la Révolution française (1823). *Suite des anecdotes de la Maison d'arrêt du Plessis.*

[2] Née de Girardin.

[3] Les *Prisons en* 1793, par la comtesse de Bohm. Paris, 1820.

même rasoir servaient aux galeux, aux teigneux, aux dartreux, il en coûtait cinq sous. »

Les hommes étaient relégués dans les bâtiments de Louis-le-Grand. On enfermait les femmes dans les greniers et on leur donnait une heure pour venir respirer dans la cour.

Mme la duchesse de Duras, emprisonnée au Plessis, raconte ainsi comment la guillotine fonctionnait sans relâche et faisait des vides incessants dans les prisons [2] :

« L'enlèvement des victimes, dit-elle, devenait de plus en plus nombreux ; c'était ordinairement pendant que nous nous promenions dans la cour. Il arrivait des charettes à différentes heures, et les voitures de Fouquier-Tinville, dans lesquelles on entassait les accusés. Le cocher de cet homme était bien digne d'un tel maître ; pendant que les victimes montaient en carrosse, il battait des entrechats, et son costume était celui d'un baladin. Il est presque impossible de décrire, surtout quand cela se répète plusieurs fois par jour, la terreur qu'imprimait l'ouverture de la grande porte. Les huissiers du tribunal révolutionnaire précèdaient les voitures avec les mains

---

[1] « Tristes successeurs des écoliers et malheureux usurpateurs des classes, dit Paris de l'Épinard, on voyait des septuagénaires à cheveux blancs en sixième, tandis que des sourds et muets, des enfants, des femmes, des jeunes filles étaient en rhétorique, en philosophie. Ces rapprochements eussent prêté matière à des allusions plaisantes, s'il eût été permis de rire dans ce grave sujet. » (*Les Prisons en 1793*, t. I.)

[2] *Journal de sa prison pendant la Terreur.*

remplies d'actes d'accusation. A l'instant il se faisait un silence effrayant, qui était celui de la mort. Chacun croyait que l'arrêt fatal allait lui être remis... »

La Conciergerie était la première prison de Paris et la dernière station avant l'échafaud. L'entrée principale était sur la cour du Palais (cour du Roi). Elle était fermée par deux guichets. La première pièce était destinée au greffe et au « gouverneur de la maison »[1], le concierge.

C'est au greffe que les condamnés attendaient l'exécution et subissaient les apprêts du supplice que l'on appelle la *toilette du condamné*.

« Vous n'avez pas vu, s'écrie un prisonnier, vous qui lisez ceci, des êtres pleins de vigueur, de santé, qui portaient la sérénité de l'innocence sur le visage ; vous ne les avez pas vus à quelques heures, à quelques minutes d'une mort aussi certaine qu'affreuse, mais pourtant qu'ils attendaient avec calme. Comme moi vous n'avez pas été à même de dire : « Cet être qui respire, qui mar-
« che, qui pense, qui tout à l'heure me serrait encore la
« main, eh bien ! dans quelques intants il ne sera plus ;
« ce corps, que je vois animé ne sera plus qu'un cadavre...

---

[1] « Ces gouverneurs-là, écrit un témoin, sont devenus, dans le temps où nous sommes, des personnages très considérables. Les parents, amis ou amies des prisonniers font ordinairement une cour très assidue au concierge Richard pour se faire entr'ouvrir un guichet. On le salue profondément. Quand il est de bonne humeur, il sourit ; quand au contraire il est morose, il fronce le sourcil : c'est Jupiter qui fait trembler l'Olympe. » (*Histoire des Prisons*, t. II.)

« Et moi, dans quelques jours peut-être, j'aurai subi le
« même sort. [1] »

L'ensemble des cachots s'appelait la Souricière
« Elle avait son entrée à gauche du greffe et s'étendait ainsi sous le vestibule du Palais qui suit le perron, ou, par rapport à l'entresol, sous la partie obscure du dortoir actuel des cochers. On en retrouve encore la porte, munie d'une énorme serrure et d'un verrou proportionné, au fond du couloir [2]. »
Le guichet qui conduisait à la cour des femmes était en face de la porte d'entrée. A droite, se trouvait la porte qui menait au préau.

« A l'époque où les cachots de la Conciergerie furent ouverts pour ceux qu'on appelait les contre-révolutionnaires, cette prison, la plus affreuse, la plus malsaine de toutes était encore remplie de malheureux prévenus de vol et d'assassinat, rongés et dégoûtants de misère, renfermant enfin dans leur personne tout ce que la nature humaine peut réunir de plus horrible et de plus repoussant. C'était avec ces malheureux qu'étaient renfermés, pêle-mêle, dans les plus infects cachots, des comtes, des marquis, de voluptueux financiers, d'élégants petits-maîtres, et plus d'un malheureux philosophe ; on attendait là que les premiers venus laissassent, par leur condamnation à mort, des places vides dans des réduits à peu près aussi tristes, mais où au moins on pouvait pla-

---

[1] *Histoire des Prisons*, t. II, p. 7.
[2] Moelle. *Six jours passés au Temple*,

cer un lit de camp. Jusqu'à l'obtention de ce malheureux lit, on était renfermé pendant la nuit avec les misérables appelés *pailleux*, au milieu d'une fange plus dégoûtante que celle où reposent les animaux les plus immondes. C'est presque toujours par là qu'il fallait passer en arrivant. On attendait les chambres à lits quelquefois plus de quinze jours ; on les payait 18 francs par mois, quoique souvent on ne les occupât qu'une nuit [1]. »

Le même prisonnier[2], jeté dans la prison de la Conciergerie y retrouve des amis, des collègues. Il y trouve aussi l'égalité la plus grande dans le malheur et il est témoin de toutes les misères subies par les prisonniers :

« Le régime était le même pour tous, raconte-t-il ; le duc, par cela seul qu'il était duc, n'était pas distingué du voleur, mais seulement s'il payait mieux ; c'était là qu'on avait réclu l'égalité, autant qu'il est possible de concevoir un tel système ; mais c'était l'*égalité de misère*.

« En voyant circuler ensemble, à travers les énormes barreaux qui divisaient la prison, des assassins, des philosophes, des ducs, des princes, des poètes, des financiers, des voleurs, Barnave me disait un jour : « En considérant ces hautes puissances, ces philosophes, ces législateurs, ces vils misérables, ici confondus, ne vous semble-t-il pas qu'on est transporté sur les bords de ce fleuve infernal dont nous parle la Fable, et qu'on doit passer

---

[1] Beaulieu. *Essais historiques*, t. V.
[2] Beaulieu.

sans retour? — Oui, lui dis-je, et nous sommes sur l'avant-scène » Le malheureux fut assassiné quelques jours après.

« Lorsqu'on demandait au guichet quelqu'un de nous, nous étions ordinairement avertis par un voleur nommé Barrassin, qui avait obtenu la confiance du concierge par les services qu'il lui avait rendus en se chargeant volontairement des travaux les plus pénibles et les plus dégoûtants de l'intérieur de la prison. Cet homme avait été condamné à quatorze ans de fers pour ses crimes ; et il m'a dit plusieurs fois, dans ses moments d'ivresse, que, pour lui rendre justice, il eût fallu le faire expirer sur la roue. Le concierge, à qui Barrassin était utile, avait obtenu qu'il tiendrait son ban dans la prison, au lieu d'aller aux galères. Je n'ai jamais vu de figure plus farouche que celle de Barrassin ; je n'ai jamais entendu de son de voix plus affreux. Voici la formule qu'il employait pour nous appeler ; c'est de cette manière que je l'ai entendu apostropher M. le duc du Châtelet, qui errait alors dans la cour au milieu d'une troupe de voleurs : « Eh ! Châtelet, eh !... aboule ici, eh ! Châtelet. » *Aboule*, en langue de prison, signifie *viens*. Et M. le duc obéissait docilement à Barrassin. Le soir, lorsqu'il fallait rentrer dans nos cachots, le guichetier était accompagné de Barrassin, qui nous appelait par chambrée, et toujours suivant la formule que je viens de transcrire. On nous comptait ensuite comme un troupeau de bêtes, et sept ou huit portes se fermaient sur nous avec un fracas épouvantable. Quelque temps après, un des guichetiers reparaissait avec des listes de jurés, qu'il distribuait à ceux qui devaient paraître le lendemain au redoutable tribunal, en leur disant, dans sa farouche gaieté : « Tiens, voilà ton extrait mortuaire. »

A minuit, le concierge lui-même visitait tous les cachots, toutes les chambres, accompagné de deux guichetiers et de deux énormes chiens. Tandis qu'il conversait avec nous, l'un des guichetiers s'en allait sondant les murs et le plafond avec une longue pique, pour s'assurer si l'on n'y avait pas fait quelques trous : on appelle cela des houzards ; car dans les prisons on se sert, pour bien des choses, d'expressions toutes différentes de celles qu'on emploie dans le commerce ordinaire de la vie : les brigands qui y séjournent ordinairement y ont introduit un langage particulier, qu'on appelle *argot*.

Le lendemain, à neuf heures dans l'hiver, on venait ouvrir nos cachots......

. . . .

C'est dans ce moment que le voleur Barrassin venait nous visiter et faire nos chambres. Si par hasard nous laissions quelque chose sous sa main, même de l'argent, il nous le rendait avec la plus scrupuleuse fidélité......

. . . .

« Comment ! Barrassin, lui disais-je un jour, vous qui êtes un si honnête homme ici, pouvez-vous faire le métier de voleur lorsque vous êtes libre, comme vous en convenez vous-même ? — Ah ! c'est que l'intérêt n'est pas le même. — Et comment donc cela ? La probité ne doit-elle pas être la même partout ? N'avons-nous pas toujours les mêmes motifs de ne pas nous en écarter ? — Je n'entends rien à tout ce verbiage-là ; mais je sais que, si nous étions libres tous deux et que je vous rencontrasse au coin d'un bois, je pourrais peut-être bien vous voler, peut-être vous assassiner ; et ici non seulement je ne vous volerai pas, mais même j'empêcherai que vous ne le soyez par les coquins qui sont dans la Conciergerie. — Mais si vous me voliez au coin d'un bois, vous courriez risque d'être pris, peut-être guillotiné, tandis que, dans la position où vous êtes, vous n'avez pas cela à craindre. — Il y a à parier qu'après vous avoir volé au coin d'un bois je ne serais pas arrêté, et, à coup sûr, je vous aurais pris une bonne somme. Ici, au contraire, s'il vous manque quelque chose, je suis sûr d'être mis au cachot, les fers aux pieds et aux mains, quand même ce ne serait pas moi qui vous aurais volé. Le guichetier sait qu'il n'y a que Barrassin qui ait la permission d'entrer dans vos chambres, et il n'accusera que Barrassin : alors on me chasse d'ici, où je mange et je bois tant que je veux avec ce que les contre-révolutionnaires me donnent, et je vais ramer aux galères. » Les principes de ce voleur sont malheureusement assez communs et il y a plus d'un Barrassin parmi nous..... »

Il existait un cachot qui servait de boutique à un marchand de vin et d'eau-de-vie pour la prison ; les prisonniers appelaient le marchand de vin le *Bousinier* et sa boutique le *Bousin*.

« Il régnait dans la Conciergerie une assez grande gaieté ; on buvait beaucoup plus de vin et de liqueur que dans le cours ordinaire de la vie ; on bravait les juges, les bourreaux, la mort, rien n'intimidait. Parmi les innombrables victimes que j'ai vu condamner à perdre la vie, je ne sache pas que plus de trois ou quatre aient montré la moindre faiblesse. De ce petit nombre fut la fameuse Mme Dubarry; je l'ai vue défaillante dans la Conciergerie après sa condamnation; elle criait : Au secours ! en allant au supplice. Dans une situation pareille, le duc du Châtelet, n'ayant point de moyens pour s'arracher la vie, se frappa la tête contre les murs. Ne pouvant avoir d'armes offensives, il cassa un carreau de vitre, et crut se donner la mort en se fendant le côté avec ce verre brisé; mais il ne put y réussir, et ne parvint qu'à s'inonder de son sang : il fut conduit en cet état à l'échafaud. A ces exceptions près, tous les condamnés étaient aussi tranquilles, quelquefois aussi gais après leur jugement qu'auparavant. »

Les prisonniers de la Conciergerie avaient fondé une société sous le titre de *Club des Philancloches*. En feuilletant une collection de vieux journaux de 1840, j'y ai trouvé l'article si curieux qu'on va lire et qui est une description pittoresque et fort exacte des derniers jours des détenus à la Conciergerie sous la Terreur, celui qui l'a écrit s'est servi de notes d'un prisonnier. En tout cas, c'est un morceau qui mérite d'être reproduit en son entier et qui a toute la valeur d'un document historique :

« En l'an II de la République, la prison de la Conciergerie, destinée de tout temps à renfermer ceux que la loi appelle devant les magistrats comme prévenus de crime contre l'ordre et la sûreté publique, était littéralement bourrée jusqu'au seuil, de victimes que les convulsions révolutionnaires avaient subitement plongées dans cette habitation de misère et de désespoir, véritable antichambre du tribunal de sang, et que, pour cette raison, on avait baptisée du nom de *vestibule de la mort*.

« Les détenus avaient imaginé de combler le vide et de diminuer la longueur des soirées dont l'ennui les dévorait, par l'établissement d'un club, dont ils rédigèrent le règlement et dont les séances quotidiennes s'ouvraient à huit heures du soir, après le roulement du souper. Tous les prisonniers avaient la faculté d'y siéger. On n'en exceptait que les faux témoins, les fabricants de faux assignats, les espions et les dénonciateurs.

« Un décret du 14 fructidor an I, avait interdit l'usage des cloches dans tous les établissements publics, dans les collèges comme dans les prisons ; le bruit, plus martial, des tambours y avait été substitué. Ce changement n'était pas du goût de tout le monde ; il causait souvent de grandes frayeurs aux dames et troublait plus profondément dans leurs travaux ou leurs rêveries l'esprit scientifique ou l'âme contemplative. Par une exception bizarre, une cloche avait été conservée à la Conciergerie ; c'était celle qui avertissait de l'arrivée du fatal tombereau. Aux sons de cette cloche, tous les captifs devaient descendre dans les cours pour répondre à l'appel du concierge, chargé de lire la liste des condamnés.

« Pour beaucoup, la séquestration, les mauvais traitements, l'incertitude d'un avenir meilleur, l'abandon de tout secours, l'anxiété et les alarmes perpétuelles dans lesquelles ils étaient forcés de se débattre, équivalaient à une lente et douloureuse agonie. La vie leur était à charge entre ces quatre murailles noires et menaçantes qu'ils avaient en horreur; ils invoquaient, à toute heure du jour et de la nuit, cette liberté insaisissable après laquelle ils aspiraient si ardemment. Quand résonnait la cloche de mort, ils se précipitaient des premiers, dans la cour et pendant que des femmes, que des enfants, que des vieillards, paralysés par l'effroi, se serraient étroitement les uns contre les autres, eux, fendaient la presse pour choisir leur place dans la sanglante charrette. La voix de cette cloche si rauque, si discordante, si effrayante pour d'autres, venait réjouir leurs oreilles et dilater leur cœur comme une harmonie divine. A ceux-là, les plaisants du lieu, les d'Armaillé, les de Pons, les Hauteville, avaient donné le surnom de *Philancloches*. Or, comme c'était un peu dans la louable intention de les soustraire, à leur insu, aux ennuis de la captivité, qu'on s'ingéniait ainsi à découvrir quelques sujets de récréation, on convint d'inaugurer la société sous le vocable original de Club des Philancloches.

« A l'extrémité d'un vaste couloir qui précédait la série de cabanons habités par des pistoliers, s'ouvrait une haute chambre oblongue, à laquelle on avait donné le titre pompeux de salon, parce que, habituellement, les détenus de l'un et de l'autre sexe, en remontant dans leurs quartiers respectifs, s'y rencontraient et s'arrêtaient un peu pour causer ensemble. Cette chambre délabrée avait deux portes : l'une, murée, qui communiquait autrefois, au moyen d'un escalier, avec la sacristie de la chapelle, contiguë à cette fameuse chambre du conseil où l'on gardait la reine ; l'autre, par laquelle on circulait dans les corridors et les dortoirs des pistoliers.

« Lorsqu'on s'y réunissait et que le concierge, de meilleure humeur que de coutume, tolérait, pendant une ou deux heures, cette infraction aux règlements, on relevait contre le mur les quatre lits des guichetiers ; deux tables rapprochées l'une de l'autre, cachaient leurs pieds boiteux et tout sculptés d'inscriptions ou de dessins bizarres, sous une couverture de laine servant de tapis. Chaque arrivant, muni de sa chaise et de sa chandelle, prenait place soit autour de la table, soit auprès du chauffoir. Les dames médisaient entre elles ou tricotaient ou brodaient tout en recevant les hommages de leurs nombreux courtisans. Les hommes parlaient politique, jouaient aux cartes, aux dés, aux osselets, ou bien lisaient à tour de rôle, à l'auditoire, les pages furibondes du *Courrier républicain*, les déclamations babouvistes du *Tribun du Peuple* et les utopies du *Journal des Hommes libres*, rédigé par le marquis d'Antonelle.

« Quelquefois Saint-Prix déclamait ; le baron de Witersback, la première viole d'amour de son temps, réjouissait l'ouïe de ses co-détenus par l'enchanteresse mélodie de ses accords ; puis arrivait Vigée avec un nouveau chapitre de sa *Fausse Coquette* ; les bouts-rimés sautillaient dans la salle, les propos interrompus glissaient de bouche en bouche, excitant à la fois l'étonnement et l'hilarité des joûteurs, souvent un nouveau compagnon de chaîne payait sa bienvenue par l'improvisation d'un pot-pourri sur tous les airs à la mode ou par un souper ambigu, dont l'étrange assemblage de mets provoquait des rires inextinguibles. Ceci était le beau idéal de la captivité. Mais quand tous s'oubliaient ainsi dans le bruit, dans la joie et le charme de la société, on entendait, soudain, sous les fenêtres de la prison, la voix sépulcrale d'un crieur public qui proclamait *la liste des cent cinquante gagnants à la loterie de la sainte guillotine !*

« Alors, sourires, prévenances, attentions gracieuses, consolations, fugitives espérances, tout s'évanouissait à ce cri de deuil, comme les feuilles diaphanes d'une rose sous un coup de vent d'orage. Le guichetier, qui apparaissait avec son chien et son trousseau de clés, achevait de détruire la ravissante illusion, et tous ces malheureux se séparaient dans un morne silence pour regagner leur cabanon désert, leur couche d'insomnie, leurs barreaux et leur misère!

. . . .

« Et quelles âmes fortes pourtant, quand sonnait pour elles l'heure suprême! On ne reconnaissait plus au jour de leur supplice les personnes pusillanimes et abattues sous leurs fers, tant elles se transformaient d'une manière rapide et incompréhensible. Que d'exemples d'énergie, de grandeur et de dévouement surhumains dans ces temps de crise où l'échafaud dressé sur quatre points différents de la ville, fauchait les têtes radieuses de tant de martyrs!

« M. de Loiserolles, vieillard de soixante-six ans, reçut, étant à la Conciergerie, un acte d'accusation qui, par une de ces fatales erreurs, tant de fois reproduites à cette époque de vertige et de bouleversement, ne s'adressait pas à lui, mais bien à son fils. Il garda le silence et, obéissant à la voix du guichetier qui lui signifiait l'ordre de descendre au greffe, il marcha aussi vite que ses pauvres jambes énervées et chancelantes le lui permettaient, dissimulant la joie qu'il ressentait de sacrifier sa vie pour sauver celle de son enfant.

« Dans le préau, il rencontre son ami intime, le major Saint-Albin, il lui prend les mains et lui fait ses adieux.

« — Où vas-tu donc si gaillard, Loiserolles ? lui demanda le major.

« — Chut ! Je vais sauver mon fils ! lui répond le vieillard, bien bas, bien bas, et dans le tuyau de l'oreille.

« Il arrive au cabanon de la toilette.

« — Tiens ! en v'là un qui tremble ! s'écrie un valet de Charlot en le dépouillant de ses habits.

« — Je voudrais bien te voir à ma place ! lui dit malicieusement le bonhomme, qui tremblait en effet qu'on ne vînt à découvrir sa pieuse supercherie ou que son fils, prévenu par Saint-Albin, ne vînt à la porte du greffe réclamer sa place.

« Arrivé sur l'échafaud, on le lie sur la planchette. On allait lui passer la tête dans la chattière, lorsqu'il appelle le bourreau à ses côtés.

— Que veux-tu ?

— C'était pour te dire que je ne tremble plus ; mets ta main là...

Et sa tête tomba avec un sourire.

. . . .

Un jour de pluie que les prisonniers étaient restés dans l'intérieur, on venait de se réunir au club et d'organiser un bal. Musique et danse s'arrêtent tout à coup comme par enchantement.

— Qu'est-ce ? qu'y a-t-il ? se demande-t-on de toutes parts.

Un fracas épouvantable qui retentit sous les voûtes, puis sur le pavé inégal des cours, répond seul à ces questions. Un bruit de voix dans la rue, sur la place et le long des quais, annonce la *bière roulante*. En effet, un grand chariot, de l'espèce dite fourragère, et à peu de chose près, semblable aux voitures actuelles de notre train des équipages, entra dans la cour, traîné par quatre chevaux et suivi d'une escouade de gendarmes. Un homme qui, par sa physionomie sombre et dure, sa stature et son maintien farouche, semblait n'être destiné qu'à annoncer de sinistres nouvelles, parut ensuite, une grande pancarte à la main ; c'était un des huissiers du tribunal révolutionnaire. Il donna l'ordre de sonner la cloche et de faire descendre tout le monde au préau.

On obéit sans murmure, beaucoup avec joie, le plus grand nombre en tremblant pour leur destinée. Les femmes s'appuyaient au bras de leurs maris : frères et sœurs, amants ou amis, tous réunis ensemble, à cette triste occasion seulement, s'adressaient un dernier et lamentable adieu. Tous se serraient, s'aggloméraient en quelque sorte les uns aux autres, et s'épuisaient à prodiguer aux plus défaillants, un courage dont ils eussent eu si grand besoin pour eux-mêmes. Ceux qui se voyaient oubliés sur la fatale liste alphabétique et qui avaient l'énergie de résister à cette épreuve, dès qu'ils recommençaient à respirer, s'empressaient de porter secours aux femmes, aux vieillards, aux jeunes filles, aux enfants qui étaient toujours dans un fort pitoyable état. Souvent deux, trois, quatre personnes tombaient de saisissement et de douleur en entendant prononcer le nom d'un parent ou d'un ami.

Le concierge fit donc l'appel nominal, et de temps en temps l'huissier répéta d'une voix tonnante le nom de la victime désignée pour le supplice. Elle prenait aussitôt place dans la sanglante fourragère.

On appela ainsi le ci-devant marquis de Bois-Bérenger,

puis sa femme, puis sa sœur, puis sa belle-sœur, puis son frère et les cinq condamnés s'assirent côte à côte sur la même banquette. De toute cette noble famille, une seule tête, celle de Mlle Célie de Bois-Bérenger semblait avoir été oubliée : à peine sortie de la stupeur dans laquelle ce malheur l'avait plongée, elle jeta un cri de détresse qui déchira les entrailles de tous ceux qui cherchaient à la consoler et à l'arracher à cette terrible scène. Mais à moitié folle de rage et de douleur, la jeune fille ne voulait rien entendre, et se débattait entre les mains de ses amis en arrachant ses beaux cheveux noirs, en poussant des gémissements à fendre le cœur.

— Je veux mourir avec vous! je ne veux pas les quitter! s'écriait-elle en s'élançant dans les bras de ses parents consternés.

Pendant qu'elle s'abandonne ainsi à son désespoir au milieu de tous les captifs qui se groupent autour d'elle, attendris et menaçants à la fois, le sombre huissier perce la foule et, la saisissant par ses vêtements, essaie de la séparer de son père :

— Que me voulez-vous ? s'écria-t-elle.

— Je veux que tu t'en ailles, il y a assez de simagrées comme cela, entends-tu ?

— Moi, je n'abandonnerai pas ma famille, qu'on me tue avec elle ; je reste !

— Tu n'as pas le droit de mourir ; va-t'en !

— Vive le roi ! Vive la reine ! A bas l'exécrable république !!! s'écrie alors la jeune fille au comble de l'exaspération.

— Très bien ! très bien ! dit un représentant du peuple qui apparut à ces cris séditieux, tu peux t'asseoir sur la sellette, petite. On broyera un peu plus de vermillon sur l'établi de Charlot et voilà tout. C'est un bénéfice pour le gouvernement.

Une joie divine illumine, à ces mots, le céleste visage de Célie, un charmant sourire succède à ses larmes, elle s'installe avec empressement dans le chariot et donne à ceux qui l'environnent l'exemple du plus héroïque sang-froid.

Sa conduite sage et réservée dans la prison avait forcé la médisance à convenir que certaine liaison qu'on lui avait reprochée dans le temps, avec le président Molé de Champlâtreux, provenait moins d'un fonds de galanterie que d'un excès de sensibilité romanesque et d'un amour vraiment platonique. On la vit partir, radieuse, au milieu des siens; des larmes étaient dans tous les yeux, les bénédictions de tous la suivirent jusqu'à l'échafaud... »

Comme dans toutes les prisons, il y avait des chiens de garde à la Conciergerie.

C'est en compagnie des chiens que les guichetiers faisaient rentrer ou plutôt parquaient comme des bêtes les prisonniers dans les chambrées : « Figurez-vous, dit un témoin[1], trois ou quatre guichetiers ivres, avec une demi-douzaine de chiens en arrêt, tenant en main une liste incorrecte qui ne peuvent lire. Ils appellent un nom : personne ne se reconnaît. Ils jurent, tempêtent, menacent; ils appellent de nouveau : on s'explique, on les aide, on parvient enfin à comprendre qui ils ont voulu nommer. Ils

---

[1] *Essais historiques*, t. V.

font entrer en comptant le troupeau ; ils se trompent. Alors, avec une colère toujours croissante, ils ordonnaient de sortir : on sort, on rentre, on se trompe encore ; et ce n'est quelquefois qu'après trois ou quatre épreuves que leur vue brouillée parvient enfin à s'assurer que le nombre est complet. »

Ces chiens étaient moins redoutables en somme que les guichetiers ! Témoin le chien nommé Ravage, qui, à la Conciergerie, était chargé, la nuit, de la garde de la cour du préau :

« Des prisonniers avaient, pour s'échapper, fait un trou (en argot un *housard*) : rien ne s'opposait plus à leur dessein, sinon la vigilance de Ravage et le bruit qu'il pouvait faire. Ravage se tait ; mais le lendemain matin on s'aperçoit qu'on lui avait attaché à la queue un assignat de cent sous avec un petit billet où étaient écrits ces mots : « On peut corrompre Ravage avec un assignat de cent sous et un paquet de pieds de mouton. » Ravage, promenant et publiant ainsi son infamie, fut un peu décontenancé par les attroupements qui se formèrent autour de lui, et les éclats de rire qui partaient de tous côtés. Il en fut quitte, dit-on, pour cette petite humiliation et quelques heures de cachot[1]. »

---

[1] A Sainte-Pélagie, il y avait aussi des chiens pour garder les prisonniers.

Un prisonnier a dit :

> Ou si jamais je dors quelques moments,
> De vingt gros chiens, renforts de nos gendarmes,
> La voix bruyante et les longs hurlements
> Dans tous mes sens réveillent les alarmes.
>
> (*Mémoires sur les Prisons*, t. II.)

Il se passe au guichet de la Conciergerie des scènes attendrissantes. C'est un spectacle à fendre l'âme des plus endurcis.

« Rangés sur des bancs, contre les murs, les uns se caressent avec autant de sécurité et de gaieté que s'ils étaient sous des berceaux de roses; les autres s'attendrissent, versent des larmes. Dans le greffe sont des hommes condamnés à mort qui, quelquefois, chantent. Par une fenêtre de ces cabinets dont j'ai parlé, on aperçoit, sur un lit de douleur, une malheureuse femme, veillée par un gendarme, qui attend, la pâleur sur le front, l'instant de son supplice. » C'était, vers ces premières grilles, un perpétuel mouvement. « Des gendarmes remplissent les guichets : ceux-ci conduisent des prisonniers dont on délie les mains et que l'on précipite dans des cachots ; ceux-là demandent d'autres prisonniers pour les transférer, les lient et les emmènent, tandis qu'un huissier à l'œil hagard, à la voix insolente, donne des ordres, se fâche, et il se croit un héros parce qu'il insulte impunément à des malheureux qui ne peuvent lui répondre par des coups de bâton[1]. »

Tel était le spectacle de la première prison de Paris.

Mais la Conciergerie n'était pas toujours d'une aussi grande tristesse, il y avait quelques joyeux compagnons auxquels l'attente de la mort ne retirait pas leur gaîté.

[1] *Histoire des Prisons*, t. II, p. 44.

Un prisonnier, Riouffe[1], qui eut le bonheur d'échapper à la dame guillotine, raconte ainsi la joie des braves prisonniers de la Conciergerie[2] :

« Nos cachots ont souvent retenti de longs éclats d'une joie insensée. Que serait-ce si je vous parlais de nos repas, plus philosophiques, il est vrai, que ceux de Platon, mais quelquefois aussi plus bruyants que ceux des amants de Pénélope? C'est là que notre rire avait l'air d'un vertige, et qu'on eût pu nous dire, comme aux prétendants dans l'*Odyssée :* « Ah ! malheureux, quel délire ! vous riez, et vos têtes, vos visages, vos corps sont enveloppés des ombres du trépas ! » Une table grossière rassemblait dix-huit ou vingt prisonniers ; souvent la moitié s'y asseyait pour la dernière fois. Ce repas était pour eux le dernier repas. Quelle était la surprise des nouveaux venus lorsqu'ils nous voyaient boire la gaieté dans la coupe de la mort, et mêler les chants de la liberté aux cris des bourreaux qui nous appelaient? C'est à cette table que Ducorneau, la veille de son supplice, improvisait cette belle chanson, qui était comme le chant du cygne, et où il nous disait, en parlant de lui et d'un autre qui allait partager son sort :

> Au dernier moment Socrate
> Sacrifie à la Santé ;
> Notre bouche démocrate
> Ne boit qu'à la Liberté.

---

[1] Riouffe devint membre du tribunat, puis préfet de la Côte-d'Or et ensuite de la Meurthe. Il mourut en 1813.
[2] *Mémoires sur les Prisons*, t. I.

ou bien :

> Nos reconnaissantes ombres,
> Planant au milieu de vous,
> Rempliront ces voûtes sombres
> De frémissements bien doux [1]

« Nous répétions en chœur. Quel chœur ! quelle situation ! Mais combien elle devint plus déchirante, lorsque, après leur mort, nous chantions chaque jour, et avec un culte religieux, ces paroles pénétrantes dont l'auteur avait disparu d'au milieu de nous. La voix plus triste et plus sombre, les yeux fixés sur les profondeurs ténébreuses du cachot, cherchant leurs traces, nous parodiions ce couplet funèbre, et nous disions en pleurant :

> Leurs reconnaissantes ombres,
> Planant au milieu de nous,
> Remplissent ces voûtes sombres
> De frémissements bien doux.

Le jeune Girondin Ducos, le plus gai des prisonniers, avait, quelques jours avant sa mort, composé un pot-pourri dont les prisonniers s'amusaient à redire les cou-

---

[1] Il y avait aussi parfois des patriotes arrêtés par erreur ou hasard qui s'amusaient à faire des vers. On en avait amené un à la prison du Luxembourg. Comme on se moquait de lui, il se mit à chanter ce couplet :

> L'aristocrate incarcéré,
> Par ses remords est déchiré,
> C'est ce qui le désole ;
> Mais le patriote arrêté
> De l'âme a la tranquillité ;
> C'est ce qui le console. (bis.)

Histoire des Prisons, t. II.

plets burlesques. Un jeune suspect de dix-sept ans, qui avait déjà son acte d'accusation, savait chanter, sous forme plaisante, la formidable alternative que le lendemain lui réservait :

Air : *de la Croisée*

Non, rien ne peut se comparer
A la sombre Conciergerie.
Le soleil craint de pénétrer
La grille de barreaux garnie ;
Mais demain on me jugera,
On fixera ma destinée ;
Et le tribunal m'ouvrira
La porte... ou la croisée [1].
Etc.

Et Montjourdain [2] achevait une romance commencée de la veille en y joignant deux couplets où il tournait son supplice en jeux de mots :

Mes tristes et chers compagnons,
Ne pleurez point mon infortune ;
C'est dans le siècle où nous vivons
Une misère trop commune.
Dans vos gaietés, dans vos débats,
Buvant, criante faisant tempête,
Mes amis, ne m'avez-vous pas
Fait quelquefois perdre la tête ?

Quand au milieu de tout Paris,
Par un ordre de la patrie,
On me roule à travers les ris
D'une multitude étourdie

---

[1] *Histoire des Prisons*, t. III, p. 129.
[2] Sous-chef de la régie du domaine, condamné le 16 pluviôse an II (4 février 1794).

> Qui croit que de sa liberté
> Ma mort assure la conquête,
> Qu'est-ce autre chose, en vérité,
> Qu'une foule qui perd la tête [1]?

Il y eut quelquefois, sous l'excitation et comme par l'entraînement de ces exemples, non pas seulement du mépris pour la mort et du courage à la recevoir, mais une sorte d'ardeur à la rechercher. Les prisons eurent à cet égard leurs héros, comme l'armée elle-même. Beaulieu et d'autres encore ont cité le jeune Gosnay, simple grenadier d'infanterie sous l'ancien régime, rentré dans sa famille, puis rappelé au service par le régime nouveau, mais détestant la république, engagé même dans une rixe contre les républicains et envoyé au tribunal révolutionnaire comme royaliste. Gosnay, dit Beaulieu, était fait au tour, d'une charmante figure, plein d'aisance dans toutes ses manières; il avait beaucoup d'esprit naturel, et ne manquait pas d'une certaine éducation. Obligé de coucher aux cachots faute de moyens pour payer un lit, dès qu'il sortait, il se déshabillait et se lavait, au milieu de l'hiver, depuis les pieds jusqu'à la tête, sous un robinet d'eau froide qui était dans la cour de la prison; ainsi approprié, il endossait un habit de hussard, d'un drap assez fin, sous lequel se dessinait sa belle taille, et venait dans cet état, causer, à travers les barreaux du guichet, avec les femmes et autres parentes des royalistes détenus, à qui la cause qu'il avait défendue le rendait encore plus intéressant. Une demoiselle fort jolie en fut éprise et résolut de le sauver. Elle avait de la fortune, Gosnay n'en avait pas

---

[1] *Mémoires sur les Prisons* (Éclaircissements), t. I, p. 279.

et à cet égard n'excitait aucune convoitise parmi ses juges ; peu ou point de haine politique non plus, ce jeune militaire n'était qu'un homme de main. La jeune fille se mit donc à solliciter le tribunal, depuis le commis-greffier jusqu'à Fouquier-Tinville ; et on parut assez disposé à l'acquitter, s'il se conduisait avec prudence. La jeune fille l'en instruisit, se fit donner mille promesses, et il n'en tint aucune. Lorsqu'on lui apporta la liste des jurés, il la prit et en alluma sa pipe, et il en fit ainsi jusqu'à la troisième fois. Cette fois pourtant on devait procéder au jugement. Plusieurs prisonniers se réunirent pour montrer à Gosnay la folie de sa conduite : comment ne pas chercher à se conserver pour une femme charmante qui l'aimait pour lui-même ? Gosnay, continue Beaulieu, ne cessa de faire des folies ; mais tout était naïf, il n'y avait rien de forcé. Quand l'heure fut arrivée, il nous embrassa tendrement et nous dit en riant : « Vous m'avez donné un bon déjeuner dans ce monde ; je vais vous faire préparer à souper dans l'autre, donnez-moi vos ordres. » Il suivit les gendarmes qui l'attendaient. Ni l'accusateur public, ni le président du tribunal ne parurent suivre à son égard le système de persécution qui leur servait de règle dans la plupart des affaires ; mais Gosnay, au lieu de nier aucun des faits dont il fut accusé, au lieu de saisir aucune des réponses qui lui furent indiquées, s'accusa de tout, donna à tous les délits qu'on lui reprocha une intention positive. Lorsque son défenseur voulut prendre la parole en sa faveur, il lui dit : « Monsieur le défenseur officieux, il est inutile de me défendre ; et toi, accusateur public, fais ton métier, ordonne qu'on me mène à la guillotine. »

La jeune fille, qui le voulait sauver, assistait à l'audience croyant qu'on allait le lui rendre : elle s'évanouit à ces paroles. On l'emporta sans connaissance. Gosnay, ramené après sa condamnation à la Conciergerie, traversa la cour d'un air de triomphe. Sa constance, sa gaieté même ne se démentirent pas jusqu'au dernier moment[1].

Les gens d'esprit, les littérateurs, se donnaient, dans la mesure du possible, des distractions spirituelles. Et il y en avait pour tous les goûts. En attendant le tribunal révolutionnaire et la mort, on chantait, on faisait des vers

Ici, c'est en dépit des dénonciations, un Brillat-Savarin inconnu qui, resté gourmand, chante à tue-tête, dès l'aube, le déjeuner de la prison :

> L'un, dans la coupe de Glycère,
> Y répand à grands flots du lait :
> Sur une tartine légère
> Du beurre fraîchement battu
> Pour cette nymphe est étendu.
> Avec la rave un peu piquante,
> On aiguise les appétits ;
> Pour animer la blonde languissante,
> On lui donne quelques radis.

Là, ce sont ceux qui ont l'âme sensible, qui se plaisent à répéter avec délice une complainte sentimentale composée par une mère qui venait d'accoucher dans la prison : l'air était tout à fait de circonstance : *Je l'ai planté, je l'ai vu naître*.

[1] Wallon. *La Terreur*.

> Aimable enfant qui vient de naître
> Au milieu des fers, des tombeaux,
> Puisse-tu ne jamais connaître
> Le cruel auteur de tes maux !

Ils chantaient aussi sur l'air : *Comment goûter quelque repos?* une romance due à « la citoyenne de Beaufort », au fils de laquelle on avait refusé l'entrée de la prison :

> Quand je te pressais dans mes bras,
> J'oubliais le poids de mes chaînes,
> Ton sourire écoutait mes peines,
> Le bonheur errait sur tes pas.

A la Forge, on chantait à tue-tête :

> Quand ils m'auront guillotiné,
> Je n'aurai plus besoin de nez.

Voilà une note vraiment gauloise.

Dans la même prison on avait enfermé, en 1793, le nommé Mauger, qui avait été le fléau, le bourreau de la Meurthe. Quand ce scélérat mourut, on dédia à sa mémoire abhorrée le quatrain suivant :

> Dans un corps sale et tout pourri,
> Gisait une âme épouvantable ;
> Depuis ce matin, Dieu merci,
> Et l'âme et le corps sont au diable.

Pierre Duromeau, un jeune Bordelais, l'avant-veille de son exécution, composa ces vers qu'on chante sur l'air : « *Que ne suis-je la fougère?* »

> Si nous passons l'onde noire,
> Amis, daignez quelquefois
> Ressusciter la mémoire
> De deux vrais amis des lois.
> Dans ces moments pleins de charmes,
> Fêtez-nous parmi les pots,
> Et versez au lieu de larmes
> Quelques flacons de bordeaux.

A la prison du Luxembourg, le marquis de la Roche du Maine dépensait son esprit à dauber sur le duc de Gesvres qui s'aplatissait devant les tyrans : « Tu as beau faire le *patliote*, mon pauvre petit Gesvres, lui disait-il, tu seras *dillotiné*. — Ce n'est pas vrai, disait celui-ci, je ne suis pas *alistoclate;* j'ai dépensé neuf cents *flancs* pour fêter la mort du *tylan*, ma *tommune* viendra me redemander, je *selai* mis en liberté. — Va, petit, vilain, tu y passeras, te dis-je, » et il lui passait la main sur les joues.

Tout cela, c'était la revanche de l'intelligence sur la bêtise.

Il y avait aussi, comme inspecteur des prisons, un savetier polonais, qui avait un jargon des plus drôles : « Citoyen, lui disait un prisonnier, s'il n'y a rien dans ma personne qui puisse me faire considérer comme suspect, fais-moi donc mettre en liberté. — Patience, reprit-il, *la justice est juste, la vérité est véridique, on te rendra justice, cette durée ne peut pas durer toujours.* »

La Prison de la Force avait pour local une des plus belles demeures de l'ancienne aristocratie. Louis XV l'avait achetée en 1754 et en 1780 Louis XVI en faisait une prison civile pour remplacer le petit Châtelet.

La prison était divisée en six départements, et comptait huit cours, dont quatre très spacieuses. En 1785, on y avait adjoint l'ancien hôtel de Brienne (rue Pavée-Saint-Antoine) et on en avait fait une prison de femmes. Elle portait le nom de Petite-Force et servit de quartier des femmes pendant la Terreur.

Un mur séparait le département des hommes de celui des femmes. Il n'y avait là que demi-mal, mais où la mesure devint ignoble, c'était que le mur séparait aussi les mères de leurs enfants.

Une seule voie de communication leur était ouverte et cette voie était un égout !

« C'est là, dit un prisonnier, que se rendait, tous les matins et chaque soir, le petit Foucaud, fils de la citoyenne Kolly[1], condamnée à mort, et qui depuis a subi son jugement. Ce pieux enfant, qui, à peine à son adolescence, connaissait déjà toutes les misères de la vie, s'agenouil-

---

[1] La femme Kolly, condamnée à mort le 2 mai 1793, fut exécutée le 18 novembre. Elle était enceinte : on attendit la naissance de son enfant pour la guillotiner.

lait devant cet égout infect et la bouche collée sur le trou, échangeait les sentiments de son cœur contre ceux de sa mère. C'est là que son plus jeune frère, âgé de trois ans, le seul compagnon de ses derniers moments, beau comme l'Amour, intéressant comme le malheur, venait lui dire : « Maman a moins pleuré cette nuit, un peu reposé, et te souhaite le bonjour ; c'est Lolo qui t'aime bien, qui te dit cela. » Enfin, c'est par cet égout que cette malheureuse mère, allant à la mort, lui remit sa longue chevelure comme le seul héritage qu'elle pouvait lui laisser, en l'exhortant à faire réclamer son corps, ainsi que la loi le lui permettait, pour le réunir aux mânes de son époux et de son ami qui périrent le même jour[1]. »

On y était, d'ailleurs, horriblement mal dans cette prison. Un prisonnier écrit :

« Les lits se touchaient : la moitié du mien était même sous celui de mon voisin, et deux autres collègues couchaient par terre faute d'espace. Pour se mettre au lit, il fallait entrer par les pieds, et pour rester dans la chambre, il fallait se tenir sur les lits ou en démonter quatre ou cinq... Pour y arriver, il fallait traverser une loge de cochons, placée au pied de l'escalier. Ces animaux venaient nous incommoder jusque dans notre gîte. Par les fenêtres, une autre loge de cochons, et à l'autre extrémité les latrines communes.

« Parlerons-nous de l'infirmerie ? On n'obtenait d'y

---

[1] C'étaient Kolly, ancien fermier général, et François Beauvois, son ami. *Mémoires sur les Prisons*, t. II.

être transféré que quand on était mourant. Et qu'était-ce que cette infirmerie ? un véritable cimetière. Là deux et souvent trois malades occupaient le même grabat, sans soins, sans ressource, sans consolation. Les maladies y étaient amalgamées de la manière la plus révoltante. La fièvre lente y gisait à côté de la putride, à côté de l'aiguë. Les visites des parents, des amis y étaient interdites. Rarement on y passait trois jours, et jamais on n'en sortait vivant. Au risque de mourir dans les bras les uns des autres, nous nous étions engagés à ne jamais permettre qu'aucun de nous allât s'ensevelir dans le tombeau fétide de l'infirmerie[1]. »

Mme Roland[1] trace ainsi un tableau de Sainte-Pélagie[2].

« Le corps de logis destiné pour les femmes est divisé en longs corridors fort étroits, de l'un des côtés desquels sont de petites cellules telles que j'ai décrit celle où je fus logée ; c'est là que, sous le même toit, sur la même ligne, séparé par un plâtrage, j'habite avec des filles perdues et des assassins. A côté de moi est une de ces créatures qui font métier de séduire la jeunesse et de vendre l'innocence. Au-dessus est une femme qui a fabriqué de faux assignats et déchiré sur une grande route un individu de son sexe, avec les monstres dans la bande desquels elle est enrôlée. Chaque cellule est fermée par un gros verrou à clef qu'un homme vient ouvrir tous les matins, en regardant effrontément si vous êtes debout ou couchée. Alors leurs habitantes se réunissent dans les corridors,

---

[1] *Histoires des Prisons*, t. I.
[2] *Mémoires*.

sur les escaliers, dans une petite cour, ou dans une salle humide et puante, digne réceptacle de cette écume du monde.

« On juge bien que je gardais constamment ma cellule ; mais les distances ne sont pas assez considérables pour sauver les oreilles des propos qu'on peut supposer à de telles femmes, sans qu'il soit possible de les imaginer pour quiconque ne les a jamais entendus.

« Ce n'est pas tout. Le corps de logis où sont placés les hommes a des fenêtres en face et très près du bâtiment qu'habitent les femmes. La conversation s'établit entre les individus analogues ; elle est d'autant plus débordée que ceux qui la tiennent ne sont susceptibles d'aucune crainte ; les gestes suppléent aux actions, et les fenêtres servent de théâtre aux scènes les plus honteuses d'un infâme libertinage.

« Voilà donc le séjour qui était réservé à la digne épouse d'un homme de bien ! Si c'est là le prix de la vertu sur la terre, qu'on ne s'étonne donc plus de mon mépris pour la vie et de la résolution avec laquelle je saurais affronter la mort. Jamais elle ne m'avait paru redoutable; mais aujourd'hui je lui trouve des charmes : je l'aurais embrassée avec transport, si ma fille ne m'invitait à ne point l'abandonner encore. »

C'est aux Madelonnettes que furent envoyés les comédiens de la Comédie-Française [1]. Marino, qui

---

[1] La Comédie-Française n'était pas en faveur depuis longtemps et n'avait, il le faut bien dire, rien fait pour l'être. Aussi défendait-on tout à ses comédiens et ces défenses étaient elles-mêmes comiques. Défense de jouer le *Cid*, parce qu'il y avait un rôle de Roi, don Fernand ; défense de jouer *Mérope*, parce qu'on y voyait

y trônait en maître, se moquait d'eux et leur disait qu'il allait leur envoyer un fermier général pour les nourrir.

« En prison, la Comédie-Française ne dérogea pas. Elle ne s'oublia ni ne s'attrista. Pendant les quelques jours que Larive passa à Port-Libre, il charma le salon en déclamant quelques tirades de *Guillaume-Tell*, et un hymne de Chénier [1]. Aux Madelonnettes, les acteurs de la Comédie apportent presque tous, dans leur petit paquet fait à la hâte, la gaîté de leurs beaux jours, la Plaisanterie et la Folie.

« C'est une triste demeure pourtant, un laid séjour que cette ancienne maison de refuge des filles de mauvaise vie, que gouvernaient les Ursulines, les Madelonnettes de la rue des Fontaines, près du Temple. C'est un Fort-Lévêque bien sérieux pour des comédiens que ce sévère bâtiment de briques à deux étages, aux fenêtres encadrées d'un cordon de pierres de taille [2]. »

---

une *Reine* pleurer; défense de jouer *Paméla*, parce que Barrère y voyait l'éloge du gouvernement d'Angleterre; défense de jouer *Jean Sans-Terre*, parce que les patriotes du faubourg s'étaient froissés, croyant qu'il s'agit de leur chéri, le brasseur général *Santerre*; défense de jouer *Adrien, empereur de Rome*, parce que l'empereur était conduit en triomphe sur des chevaux qui venaient de Trianon; défense de jouer le *Château de Montenero*, parce qu'il y avait un personnage qui s'appelait *Louis!*

[1] *Tableaux des Prisons*.
[2] *La Société française pendant la Révolution*, par Ed. et J. de Goncourt.

Les acteurs du *Théâtre de la Nation* (Comédie-Française) y étaient les plus maltraités. Mais aussi, que diable, ils n'étaient pas de bons sans-culottes ; ils faisaient le jeu des aristocrates. N'avaient-ils pas, en 1793, osé jouer *l'Ami des Lois*, où les maîtres de la guillotine, Robespierre, Marat, étaient désignés dans ces vers :

On doit pour son grand bien bouleverser la France.
Dans votre république un pauvre bêtement
Demande au riche !... Abus ! Dans la mienne il lui prend.
Tout est commun ; le vol n'est plus vol, c'est justice.
J'abolis la vertu pour mieux punir le vice !
. . . .

et dans ceux-ci :

Guerre, guerre éternelle aux faiseurs d'anarchie !
Royalistes tyrans, tyrans républicains,
Tombez devant les lois, voilà vos souverains !
Honteux d'avoir été, plus honteux encore d'être.
Brigands, l'aube a passé, songez à disparaître [1] !

Un sans-culotte, s'étant permis de dire que « la tolérance politique était un crime », s'était fait huer par la salle entière [2].

Le lendemain, un journal patriote, *La Feuille du Salut public*, écrit : « Un patriote vient d'être insulté dans une salle où les croassements prussiens

---

[1] *L'Ami des Lois*, journal du citoyen Laya.
[2] *Les Spectacles de Paris*, 1793.

et autrichiens ont toujours prédominé, où le défunt Véto trouva les adorateurs les plus vils, où le poignard qui a frappé Marat a été aiguisé lors du faux *Ami des Lois*. Je demande en conséquence :

Que ce sérail impur soit fermé pour jamais ;

« que pour se purifier on y substitue un club de sans-culottes des faubourgs ; que tous les histrions du Théâtre de la Nation qui ont voulu se donner le beaux airs de l'aristocratie, dignes par leur conduite d'être regardés comme des gens très suspects, soient mis en état d'arrestation dans les maisons de force[1] ».

Le dénouement ne devait pas se faire attendre et le 3 septembre 1793, l'auteur de la pièce et les acteurs et les actrices du Théâtre de la Nation étaient arrêtés et le théâtre fermé.

Le rapport du comité de Salut public à la Convention portait : « La comédie de *Paméla* ne pouvait que troubler la tranquillité publique. On y a fait apparaître tous les signes de l'aristocratie ; on n'y voit que cordons rouges et autres distinctions proscrites par l'égalité. Le gouvernement anglais y est préconisé et honoré ; les plus belles maximes y sont mises dans la bouche des lords ; tout cela au moment où le duc d'York ravage le territoire de la République ! »

[1] *Journal des Spectacles*, septembre 1793.

Le soir de ce jour-là, Sainte-Pélagie renfermait les citoyennes actrices Montgantier, Suin, Raucourt, Emilie Contat, Ribon, Derreime, Mezeray, Lange, Fleury, Petit, Joly, Le Chassaigne, Perrin-Thénard, et aux Madelonnettes étaient écroués les citoyens acteurs Fleury [1], Dazincourt, Jules Fleury, Gérard, Ernest Vanbove, Duval, La Rochelle, Florence, Bellemont, Saint-Prix, Stander, Saint-Fol, Durcourt.

« C'est dans cette maussade demeure qu'ils sont et qu'ils restent les Frontins et les Agamemnons, pêle-mêle avec des généraux, des grands seigneurs, d'anciens ministres, d'anciens lieutenants de police, avec les de Crosne et les Fleurieux. — ... Une épidémie se déclare dans la prison ; d'après l'avis du médecin Dupoulet, les détenus prennent la résolution de faire l'exercice deux fois par jour, et voyez le singulier régiment que commande l'acteur Saint-Prix ! Son meilleur soldat est l'octogénaire Engrand d'Allenay, qui ne manque pas une évolution et marche au pas, sa bougie en main, sans un tremblement [2].

Entre les exercices, Saint-Prix s'amuse à dessiner la maison du miséricordieux concierge Vaubertrand. Puis il balaye sa chambre et il réfléchit plaisamment : « O malheureux empereur ! qui eût

---

[1] Qu'il ne faut pas confondre avec le conventionnel Fleury, républicain, que la prise de Toulon avait fait poète et que son refus de voter la mort de Louis XVI fit captif successivement à la Conciergerie, à la Force, aux Madelonnettes, aux Termes et aux Carmes. Il ne fut délivré que longtemps après le 5 thermidor.

[2] *Tableau des Prisons de Paris sous le règne de Robespierre.*

jamais pensé que tu dusses être réduit à balayer! »
Quand son camarade de chambre, Duchemin, ci-
devant procureur au parlement, tombe dangereu-
sement malade, Saint-Prix se fait son garde-malade.
Il lui donne bouillon et médecine. Et, après trois
nuits de veille à son chevet, il arrive au Samaritain
de la tragédie française de sortir d'auprès de Duchemin « les lèvres aussi noires que du charbon ». — A côté de Fleury, dont le cœur se brise
à voir à sa fenêtre sa petite fille de quatre ans, lui
disant bonjour de la rue, écartée par les gendarmes,
la Rochelle éclate en drôleries. A côté de Saint-
Fal, qui songe à son vieux père, et se laisse aller
parfois à pleurer, Vanhove le cadet s'emploie à dis-
traire ses compagnons, Champille s'épanouit en facé-
ties grasses et rabelaisiennes. Dazincourt passe son
temps à amuser le petit ange, le petit Vaubertrand,
et à lui faire, avec des cartes, de petits chats, des
ânes, des chiens, des oiseaux. Puis il rit de ce rire
qui lui valut tant d'applaudissements d'un public
qui n'est plus. Il rit des autres, il rit de lui, et jo-
vialement il philosophe. « Qu'on retienne ici des
empereurs, des rois, des tyrans, des ducs et des
marquis, cela se conçoit; mais que je me voie en
leur compagnie, moi qui ne suis qu'un pauvre
valet sans culottes, oh! certes, il y a de l'injustice [1]! »

---

[1] *Tableau des prisons de Paris sous le règne de Robespierre.*

L'administrateur des Madelonnettes, Marino, était un type très curieux et très amusant. Les prisonniers du Luxembourg lui jouèrent un jour une étrange farce : un douzaine d'entre eux occupaient un ancien grenier à foin.

« Comme l'on sut qu'il allait entrer, on ferma la fenêtre ; la plupart se mettent à fumer ; le cuisinier de semaine, un torchon sale devant lui, est chargé de recevoir l'administrateur, qui fait trois pas en arrière, tout saisi par l'odeur combinée du charbon, de la fumée des pipes et des haleines à l'ail ; on l'introduit, on offre à ses yeux une méchante table fabriquée à la diable, sur laquelle était une cruche ébréchée, plus une bouteille qui servait de chandelier : il faut sauter à la fenêtre pour ne pas étouffer ; il s'embarrasse dans des matelas étendus par terre ; il chancelle, il tombe, on le relève ; on l'invite à prendre sa part des pommes de terre qu'on faisait frire au suif ; il s'attendrit et finit par faire cadeau à la chambrée d'une cuiller en bois, et presque neuve, qui avait écumé le pot du vieux Sillery. Les petits présents entretiennent l'amitié [1]. »

On avait enfermé aux Madelonnettes à la fois des nobles riches et des citoyens déguenillés de la section de la Montagne (la Terreur nivelait tout). Marino appelle un beau jour un des nobles richards et a avec lui la comique conversation suivante :

— Tiens, mon fils, tu vois ces hommes, ce sont

---

[1] *Mémoires sur les prisons*, t. II, cité dans Wallon. *La Terreur*.

ceux de ma section ; il faut que tu en aies soin, entends-tu?

— Oui, citoyen.

— Assieds-toi là, mon fils.

— Oui, citoyen.

— Tu paieras le fricot, n'est-ce pas ? continue-t-il en lui passant la main sur la joue.

— Oui, citoyen.

— Tiens, celui-là est le président (en lui désignant un citoyen) ; c'est lui qui fera la carte de toute la dépense, entends-tu?

— Oui, citoyen.

— Je sais que tu as de la fortune, lui n'en a pas ; c'est à toi à payer la carte, entends-tu?

— Oui, citoyen.

— N'y manque pas surtout.

— Non, citoyen.

— Et tu leur donneras des pommes de terre, de la salade et du gigot à l'ail, n'est-ce pas ?

— Oui, citoyen.

Et en terminant, Marino donna une petite tape amicale sur la joue du noble prisonnier.

Un jour, un détenu demandant à Marino l'ouverture du jardin, afin de pouvoir respirer l'air pur...

— Aie patience, lui répondit le municipal, on établit de très belles maisons d'arrêt à Port-Libre, à Picpus et ailleurs, où il y a de beaux jardins ; ceux qui auront le bonheur d'y aller pourront se promener tant qu'ils voudront, s'ils ne voient pas la guillotine auparavant.

Du reste, ces administrateurs de police chargés de la surveillance des prisons, étaient généralement les personnages les plus stupides ou les plus brutaux de la Terreur. On en peut donner comme exemple Dupommier, chargé de la surveillance de la prison de Picpus.

Un jour, il entre dans la chambre d'un prisonnier qu'il trouve occupé à lire.

— Qu'est-ce que tu fais là?

— Vous le voyez.

— Ce n'est pas ainsi qu'il faut répondre. Qu'est-ce que tu fais là?

— Vous en êtes témoin, je lis.

— Eh! quelle est cette lecture?

— Tenez, voyez.

Il lui présente le livre. Dupommier, qui ne savait pas lire, lui dit avec colère :

— Ton procédé est de la dernière insolence; songes à me répondre, f....., car sans cela je verrai ce que je dois faire.

— Je ne pouvais mieux faire que de vous présenter ce livre ; et si vous ne savez pas lire, je vais vous apprendre quel en est le titre.

— Oui, f....., je veux le savoir tout de suite. Ces

b......-là sont si insolents qu'on n'en viendra jamais à bout.

— Puisqu'il faut vous le dire, c'est...
— Eh bien, dis donc.
— C'est Montaigne.
— Oh! puisque c'est de la Montagne, continue de lire ; voilà ce qu'il faut ; mais une autre fois ne sois pas si impertinent. Malpeste ! un livre fait par la Montagne ! Bravo, bravo[1] ! »

Pendant les mois de mars et d'avril 1793, les détenus de la prison du Luxembourg avaient eu la jouissance de la cour et du café et ils passaient dans ces deux endroits la plus grande partie de la journée.

La tranquillité la plus profonde régnait partout, pas de danger de rébellion ou de coups aux gardiens, on savait qu'il y allait de la mort sans phrases. Au son de la cloche, tout le monde se levait docilement et rentrait.

Les soirées se passaient aussi tranquillement que les journées. On se réunissait pendant quelque temps dans chaque chambrée et on jouait à des jeux de société. Les prisonniers qui avaient quelques gourmandises les offraient. Ceux qui avaient de l'argent payaient généreusement pour les autres. La prison et le malheur nivellent et rendent bons. Vers le mois de mai, il y eut un grand change-

[1] *Histoire des prisons*, t. III.

ment. La réclusion devint dure, on refusa de laisser entrer même des aliments. Le tribunal, sur les ordres de Fouquier-Tinville, considérait les prisonniers comme des bêtes, leur refusait le nécessaire et chaque jour la charrette en enlevait une trentaine qui allaient donner leur tête pour le salut de la Commune de Paris et la gloire de la République une et indivisible.

Un jour, raconte un des prisonniers, un des agents de Fouquier-Tinville vint à la prison avec une liste que son maître lui avait dit contenir dix-huit noms. Il en fait l'appel, et n'en trouve que dix-sept. « Mais, dit-il au guichetier, Fouquier m'a dit de lui amener dix-huit contre-révolutionnaires, il me faut encore une pièce. » Un malheureux suspect passant alors devant lui, il lui demande son nom. Celui-ci le décline. « Oui, dit-il, c'est toi, » et il le fait emmener par les gendarmes. Le lendemain, il fut guillotiné.

Une autre fois, un de ces agents appelait dans la galerie un détenu, d'environ cinquante ans, dont je ne me rappelle pas le nom, mais que je sais avoir été officier général en Corse. Celui-ci n'entendait pas, ou, sachant de quoi il s'agissait, ne se pressait pas de répondre. Un jeune étourdi, d'environ dix-sept ans, jouait à la balle dans la galerie ; il entend un nom à peu près conforme au sien, et demande si ce n'est pas lui qu'on appelle. « Comment te nommes-tu ? — N... — Oui, c'est toi ; viens au guichet. » On l'entraîne à la Conciergerie, et le malheureux enfant de dix-sept ans est guillotiné en place d'un homme de cinquante.

« Il fallait cependant prolonger notre triste existence jusqu'au moment fixé pour nous la ravir. On avait placé des tables et des bancs dans une partie des appartements qu'avait occupés Mme de Balbi lorsque Monsieur faisait sa résidence au Luxembourg ; trois cents personnes pouvaient s'asseoir autour de ces tables ; c'est là qu'on nous réunissait une fois par jour seulement. Là, le traiteur Lereyde, pour cinquante sous provenant de la masse des effets, qu'on nous avait enlevés, servait dans de grands vases ou gamelles de fer-blanc une soupe détestable, une demi-bouteille de vin qui ne valait pas mieux ; deux plats, dont l'un de légumes nageant dans l'eau, et l'autre toujours de viande de porc mêlé avec des choux ; nous avions avec cela, par jour, un pain de minution fourni par la République, et pesant, je crois, une livre et demie. Il n'y avait pas d'autre repas. Ceux qui voulaient déjeuner ou souper étaient obligés de réserver quelque chose de leur portion quotidienne, ou de se décider à faire diète.

« Comme nous étions environ de huit cents à mille personnes, il y avait trois dîners : l'un à onze heures, l'autre à midi et le troisième à une heure.

« Là, qui que ce soit n'avait le plus léger privilège, le duc comme le savetier, l'octogénaire comme le jeune homme de vingt ans, la femme la plus délicate et le plus hautainement titrée comme le plus rustre manant, étaient obligés de manger l'un à côté de l'autre à la gamelle, s'ils voulaient manger encore. Il fallait apporter avec soi une bouteille pour avoir du vin, et une assiette pour recevoir la portion qu'on vous servait ; sans cela on eût couru risque de n'avoir ni vin ni portion, et par conséquent de mourir de faim. Nous étions, pendant ce dîner, continuellement entourés de guichetiers, dont la plupart, alors, étaient aussi farouches que leurs chiens.

« Parmi les prisonnières se trouvaient les duchesses de Noailles et d'Ayen ; la première était âgée d'environ quatre-vingt-trois ans, et presque entièrement sourde, à peine pouvait-elle marcher : elle était obligée d'aller comme les autres à la gamelle, et de porter avec elle une bouteille, une assiette et un couvert de bois ; il n'était pas permis d'en avoir d'autre. Comme on mourait de faim lorsqu'on allait à ce pitoyable dîner, chacun se pressait pour arriver le plus tôt possible, sans faire attention à ceux qui étaient à côté de soi. La vieille maréchale était poussée comme les autres ; et, trop faible pour résister à ce choc, elle se traînait le long du mur pour ne pas être à chaque instant renversée ; elle n'osait avancer ni reculer, et n'arrivait à la table que lorsque tout le monde était placé. Le geôlier la prenait rudement par le bras, la faisait pirouetter et la faisait asseoir sur un banc. Un jour, croyant que cet homme lui adressait la parole, elle se retourne : « Qu'est-ce que vous dites ? — Je dis, vieille b......, que tu n'as personne ici pour porter ta cotte ; f...-toi là. » Et il la plaça sur le banc comme s'il y eût mis un paquet.

« C'était pendant ces affreux dîners que les agents de la police révolutionnaire venaient vous demander vos noms, vos âges, vos professions, et de tout cela ils faisaient des listes pour servir aux tables de proscription qu'on dressait chaque jour en plus grand nombre. »

Connaissez-vous l'*Amalgame* ; c'est un mot de l'époque dû au citoyen Saint-Just. *Amalgamer*, pour lui, cela voulait dire envelopper dans la même accusation des réactionnaires, des royalistes et des révolutionnaires, confondre les deux espèces ensemble, en faire une savante mixture, un *Amalgame*.

Ce mot date de l'époque où Robespierre, lorsqu'il résolut de perdre Anacharsis Clootz, le banquier hollandais de Cock, l'ex-gouverneur de Pondichéry, Lammur, Hébert[1], Roncin, Vincent, Mazuel, Monmoco et tant d'autres. On les arrêta. Fouquier-Tinville, plus étonné qu'ému, courut au comité de Salut public : « Voyons, à quel titre les accuserai-je ? »

Une voix lui répond : « Comme factieux royalistes. »

Voyez-vous cela, Hébert, l'infâme auteur du *Père Duchesne*, accusé comme royaliste ! Fouquier-Tinville n'en revient pas, il croit rêver. Saint-Just dit alors gentiment le mot de la situation : *Amalgame !*

L'exécution de ce premier *Amalgame* eut lieu le 4 germinal an II. On prit goût à cela et, quelques jours après, eut lieu un second *Amalgame*. Saint-Just en fut radieux. Parmi les condamnés, il y avait Lacombe, Grammont père et Grammont fils[2].

---

[1] *Hébert* avait été employé au théâtre des Variétés ; il en fut chassé pour vol. Entré ensuite au service d'un médecin, il fut mis à la porte pour la même cause.

[2] C'était ce lâche qui avait menacé de son poing fermé le visage de la reine, alors que sur la charrette fatale elle allait à l'échafaud. Quant au père, ex-comédien du théâtre de la Montausier (où il avait joué les tyrans et les traîtres), il était devenu adjudant géné-

Gobet, Chaumette et un *royaliste amalgamé* nommé Arthur Dillon. C'était un très vieux prisonnier. Il avait commis un forfait inouï. On l'avait accusé d'un terrible complot, qui devait consister à s'em-

ral de l'armée révolutionnaire. M. Arthur Pougin a consacré, dans le *Temps*, une intéressante étude au comédien Grammont qui, après avoir joué les rôles tragiques au théâtre, les joua au naturel sur la scène politique :
« De la fin de sa carrière dramatique, dit notre confrère, au théâtre Montausier, il n'y a pas grand'chose à dire, sinon que dans une tragédie d'un certain Chevalier, la *Mort d'Abel*, représentée le 29 mars 1792, il créait le rôle de Caïn, celui d'Abel étant joué par Damas. Il n'avait donc pas encore quitté la scène à cette époque. Mais assurément il ne devait pas y demeurer longtemps encore, car dès ce moment il s'était lancé déjà dans la politique, fréquentait les clubs et comptait, dit-on, au nombre des orateurs les plus fougueux du Palais-Royal. »
En juin 1792, Grammont est nommé adjudant général de l'armée dite des côtes de la Rochelle, qui, sous les ordres du dramaturge Ronsin, était destinée à combattre les Vendéens.
« Le 5 septembre 1792, la Convention établissait à Paris une armée révolutionnaire ; Bouchotte, alors ministre de la guerre, rappelait Ronsin pour lui en donner le commandement, et celui-ci gardait auprès de lui, comme adjudant général, Grammont, qui lui-même prenait son fils, âgé de dix-huit ans, comme aide de camp. « Revenu à Paris, dit un des biographes de Grammont, le chef d'état-major se rangea parmi ces hommes turbulents connus sous le nom d'*épauletiers*, qui un moment inquiétèrent Robespierre, et qu'il fit poursuivre comme ultra révolutionnaires. » Et un autre : « Il fut, en 1793, chef d'état-major de la fameuse armée révolutionnaire dont Ronsin était le chef, et il établit ses bureaux dans la rue de Choiseul, où nous l'avons vu en costume militaire jouer au naturel les rôles tragiques. »
« On peut croire, en effet, qu'à ce moment Grammont comptait au nombre des pires démagogues. Ce qui est certain, c'est qu'en sa qualité de chef d'état-major de l'armée de Paris, c'est lui qui commandait la force armée le jour du supplice de la reine, et que sa conduite, en cette circonstance, envers cette princesse, dont, nous l'avons vu, il avait naguère sollicité et obtenu la protection, fut celle d'un misérable et d'un lâche. »

parer avec quelques royalistes de l'île Saint-Louis, de la Monnaie et de l'Hôtel de Ville. Rien que cela! On y avait aussi *amalgamé* des femmes, Lucile Desmoulins et la veuve Hébert [1].

Voici ce que fut l'exécution : «.... Dillon était dans la première charrette, la citoyenne Desmoulins (la veuve de Camille) dans la seconde, avec les Grammont, Nourry, Lacroix, Lapalue, Lasalle, et la veuve Hébert. Pendant le trajet, elle a causé avec deux citoyens qui étaient très jeunes, Lapalue « ayant vingt-six ans et Lasalle vingt-quatre ». Elles plaisantaient avec tant de gaieté que plusieurs fois elle les a forcés de sourire. Leur entretien était troublé par les larmes de la veuve Hébert et par les

---

Il paraît qu'après l'exécution des cris de : « Vive la République! » répondirent au bruit sourd du couperet...

« Mais ces cris, ajoute M. Pougin, étaient généralement circonscrits aux alentours de l'échafaud. Alors Grammont, qui agitait son sabre comme un énergumène, ordonna à plusieurs reprises à Charles-Henry de montrer la tête au peuple. Un des aides fit le tour de l'échafaud avec ce hideux trophée, dont les paupières étaient encore agitées par un frisson convulsif. »

Les événements se succédaient avec rapidité, à cette époque si tourmentée de notre histoire, et six mois ne s'étaient pas écoulés que Grammont montait à son tour sur le fatal échafaud.

[1] Il faut arriver à l'époque sanglante de la Terreur pour voir tuer des femmes :

« ... Des femmes, s'écrie Chateaubriand, mais savez-vous que dans aucun pays, dans aucun temps, chez aucune nation de la terre, dans aucune proscription politique, les femmes n'ont été livrées au bourreau, si ce n'est quelques têtes isolées à Rome sous les empereurs, en Angleterre sous Henri VIII, la reine Marie et Jacques II? *La Terreur* a seule *donné au monde le lâche spectacle de l'assassinat juridique des femmes et des enfants en masse.* » (*Etudes historiques*, p. 62 et 63.)

deux Grammont, qui se disputaient bien lâchement, le fils reprochait au père d'avoir été, par ses conseils et par ses exemples, la cause de sa mort.

Dans la terreur à laquelle il était en proie, le jeune homme s'emporta jusqu'à traiter son père de scélérat : « Monsieur, lui dit la citoyenne Desmoulins, on prétend que vous avez insulté Antoinette dans la charrette, je n'en suis pas étonnée ; mais vous auriez bien fait de conserver un peu de votre audace pour braver une autre reine, la mort à laquelle nous allons. » Le fils Grammont lui répondit des injures ; elle se détourna de lui avec dégoût. Elle est bravement montée à son tour, à peine pâlie. Comme Adam Luz, elle s'en allait avec la conviction que l'âme de celui qu'elle aimait l'attendait sur l'autre rive. Dillon a crié : *Vive le Roi* !

C'était charmant un « amalgame », n'est-ce pas ?

C'est à la prison du Luxembourg que fut incarcéré à son tour le charmant Chaumette, le délicieux prêtre de la déesse Raison. Il devint l'objet des plaisanteries de tous les soi-disant suspects qui y étaient enfermés. On l'avait d'abord mis seul dans une chambre ; un petit guichet dans la porte permettait de voir à son air ahuri combien il se trouvait étonné d'avoir été pris dans son propre piège. A tour de rôle, les prisonniers s'amusaient à l'aller voir, et tout le monde se disait : « Avez-vous vu le loup ? »

« Le lendemain, raconte un prisonnier, il eut la faculté d'errer comme les autres dans toute l'étendue de la maison, et vint se présenter au café dont nous jouissions encore ; alors les brocards de toute espèce furent lancés contre lui. Sept ou huit prisonniers se firent faire place, et l'un d'eux, après l'avoir salué profondément, lui adressa ces paroles :

« Sublime agent national, conformément à ton immortel réquisitoire, je suis suspect, tu es suspect (montrant un de ses camarades), il est suspect, nous sommes suspects, vous êtes suspects, ils sont tous suspects. »

Chaumette lui-même ne put s'empêcher de sourire de cette plaisanterie ; il y répondit maladroitement : on attendait quelque chose de mieux, on le laissa à l'écart. »

Chaumette d'ailleurs ne fit que paraître à la prison du Luxembourg pour être presque immédiatement conduit au tribunal révolutionnaire qui, en pieuvre insatiable, attendait cette nouvelle proie.

VI

LES JUGES ET LES MASSACREURS

La justice révolutionnaire. — Fouquier-Tinville. — Le comité de Salut public. — Sections ambulatoires du tribunal révolutionnaire. — Dumas. — Scellier. — Coffinhal. — Foucaut. — Châtelet. — Trinchard. — Girard. — Renaudin. — Le Roy. — Dix Août. — Prieur. — La vénalité de Fouquier-Tinville. — L'ignorance des juges. — Le Maltais. — La relation du massacre à l'Abbaye, par M. de Saint-Méard. — Les guillotines à quatre couperets. — La guillotine boucherie nationale. — Un magistrat de l'ancien régime. — Les femmes de la Halle adversaires de la Révolution. — Un curieux rapport de Dutard.

C'est dans le palais de saint Louis que la justice révolutionnaire rendait ses arrêts. Il y eut le *Tribunal criminel*, le *Tribunal criminel extraordinaire*, le *Tribunal révolutionnaire*, le *Tribunal de sang*, le *Tribunal national*, le *Tribunal réparateur*, etc. Tous ces tribunaux se valaient. C'est là qu'on vit se passer les scènes les plus émouvantes et se succéder les plus tristes personnages.

C'est là que parurent comme accusés, devant des monstres comme juges, tout ce que Paris renfermait de bon, d'honnête, de grand, de généreux : femmes, enfants, vieillards pouvant à peine se traîner, prêtres vénérables, nobles, généraux ayant versé leur sang pour la République.

C'est devant ce tribunal infâme que furent interrogés Charlotte Corday, Marie-Antoinette, le général Houchard, Diétrich, Custine, de Lavergne, etc., etc...

C'est là que trônèrent comme juges Marat, Dumas, l'accusateur public l'ignoble Fouquier-Tinville [1], auquel l'histoire ne peut guère opposer que le sanguinaire Néron.

Et savez-vous quels étaient ceux qui envoyaient à ce tribunal de sang de pauvres victimes condamnées d'avance? C'étaient les membres du comité du Salut public: c'étaient Robespierre, Couthon, Saint-Just, Barère, Collot-d'Herbois, Prieur, Robert-Lindet, Carnot [1].

Ce comité fonctionnait sans relâche, il rendait arrêts sur arrêts, il trouvait que la justice n'allait

---

Fouquier-Tinville, ci-devant Fouquier de Tinville, procureur de son état, avait été quelque peu aristocrate sous l'ancien régime. Le nom *de Tinville* est un nom de terre qu'il avait adjoint à son nom roturier de Fouquier (comme son frère s'était appelé Fouquier d'Hérouel), pour se donner un vernis de noblesse. Il avait composé des vers en l'honneur de Louis XVI :

« Sous l'autorité paternelle
De ce prince, ami de la paix,
La France a pris une splendeur nouvelle,
Et notre amour égale ses bienfaits. »

La Muse, dans ses premières inspirations, a trahi plus d'un démocrate ; nous en voyons encore la preuve de nos jours.

On retrouve le nom de Carnot au bas des mesures les plus vio-

pas assez vite : citons, comme exemples, ses deux arrêts des 7 et 17 messidor :

« Le comité de Salut public charge la commission des administrations civiles, police et tribunaux de rechercher dans les diverses prisons de Paris ceux qui ont particulièrement trempé dans les diverses factions, dans les diverses conjurations que la Convention nationale a anéanties et dont elle a puni les chefs, ceux qui, dans les prisons, étaient les affidés, les agents de ces factions et conjurations, et qui devaient être les acteurs des scènes tant de fois projetées pour le massacre des patriotes et la ruine de la liberté, pour en faire son rapport au comité dans un court délai, etc.

« *Signé* : ROBESPIERRE, B. BARÈRE, CARNOT, etc. »

« Le comité de Salut public arrête qu'il sera fait chaque jour, par la commission de l'administration de police et tribunaux, un rapport à l'accusateur public du tribunal révolutionnaire sur la conduite des détenus dans les diverses prisons de Paris ; le tribunal révolutionnaire sera tenu, conformément à la loi, de juger dans les vingt-quatre heures ceux qui auront tenté la révolte et auront excité la fermentation.

« *Signé au registre :*

« SAINT-JUST, COLLOT-D'HERBOIS, BILLAUD-VARENNES, CARNOT, C.-A. PRIEUR, COUTHON, ROBESPIERRE, B. BARÈRE, ROBERT-LINDET. »

lentes de ce temps. S'il a organisé la victoire, il a aussi aidé à *organiser la Terreur*.

Dans la plupart des résolutions du comité de Salut public, on trouve son nom avec les autres. Il a signé avec Collot-d'Herbois et Couthon les instructions de la commission d'Orange.

Et comme ce n'était pas assez, le comité de Salut public demandait encore par un arrêté du 4 thermidor, que les détenus des maisons d'arrêt des départements fussent jugés à Paris. C'était plus sûr. Cet arrêté disait :

« Il sera nommé, dans trois jours, des citoyens chargés de remplir les fonctions des quatre commissions populaires créées par décret du 13 ventôse.

« Elles jugeront tous les détenus dans les maisons d'arrêt des départements.

« Elles seront sédentaires à Paris.

« Les jugements de ces commissions seront revisés par les comités de salut public et de sûreté générale en la forme établie.

« Il sera fait un rapport à la Convention sur l'établissement de quatre sections ambulatoires du tribunal révolutionnaire pour juger les détenus dans les départements, renvoyés à ce tribunal. »

On possède encore une expédition de cet arrêté où l'on trouve signé au registre : Barère, Dubarran, Prieur, Carnot ; et pour extrait : Carnot, Collot-d'Herbois, Couthon, Saint-Just.

C'est ce comité qui remplissait les prisons par des mandats d'arrêt, qui envoyait au tribunal révolutionnaire ses victimes, qui lui désignait les *fournées*.

Un intègre personnage, ce Dumas, président du tribunal. Il s'inquiète peu de l'identité du prévenu.

Un jour, au lieu du père accusé, on amène le fils. Le fils proteste, allègue son âge : « Citoyens jurés, s'écrie Dumas, vous voyez bien que dans ce moment il *conspire,* car il a plus de dix-sept ans. »

Le vice-président Scellier faisait aux jurés des discours de cette sorte :

« Citoyens, la Convention nationale, justement effrayée des forfaits innombrables du gouvernement britannique, vient de déclarer qu'il n'y aurait plus que des combats à mort entre nos armées et celles de ces féroces insulaires, et qu'on ne ferait plus de prisonniers de guerre. N'est-ce pas annoncer, de sa part, qu'elle veut terrasser tous les crimes du même coup ? C'est au tribunal révolutionnaire qu'il appartient de donner à ce décret la latitude la plus étendue ; c'est de son courage et de sa fermeté que la République attend l'anéantissement de tous les conspirateurs qui s'agitent en tous sens pour lui percer le sein. »

L'autre vice-président, Coffinhal, était un ancien médecin. C'est lui qui répliquait à Lavoisier : « La République n'a pas besoin de chimistes. » Un jour, on lui amène le fils au lieu du père : il change sur l'acte d'accusation le nom du père en celui du fils et met 22 ans au lieu de 61. Cela fait, il condamne.

Les juges valaient leurs chefs.

L'un d'eux, Foucaut, disait : « Il nous faut du sang, le peuple veut du sang. »

Les jurés valaient les présidents et les juges.

Châtelet demandait encore 80,000 têtes et marquait d'un f (f.....u) les noms de ceux qu'il envoyait à l'échafaud.

Trinchard voulait procurer à son épouse un beau *feu de file* [1], ce qui voulait dire : « A la mort, la totalité des accusés. »

Girard disait à un accusé nommé Bezard :

— Tu es connu dans ta section pour un mauvais citoyen, pour un aristocrate.

— J'ai fait tout le bien que j'ai pu faire, et j'ai toujours donné plus qu'on ne m'a demandé.

— Tu as un frère, interrompt Girard, commandant dans la garde nationale, connu pour un aristocrate déterminé.

— Je n'ai pas de frère.

---

[1] *Histoire des Prisons*, t. II.

« Un jour, on vit apporter au tribunal un homme sourd, aveugle et paralytique, tombé depuis trois ans en enfance, M. Durand de Puy-Vérine. C'est Trinchard, devenu président de la commission populaire, qui avait ordonné le renvoi :

— Es-tu noble ? lui demanda-t-il.

Pas de réponse.

— Pourquoi as-tu conservé des médailles sur lesquelles était la figure de Capet ?

— C'étaient, répondit Mme de Puy-Vérine, des jetons à jouer, renfermés dans une bourse.

— Oui, oui, c'est entendu, reprit Trinchard, les gens de votre caste sont toujours attachés à la royauté. Vous êtes coupable d'avoir laissé ces jetons à votre mari.

Mme de Puy-Vérine accompagna le pauvre vieillard devant le tribunal. Elle monta avec lui dans la même charrette, — la dernière charrette ! Ils furent guillotinés le 9 thermidor.

— Eh bien! si ce n'est pas toi ni ton frère, c'est au moins ton père, » s'écrie Girard en frappant la table, et Bezard partit pour la guillotine.

Renaudin disait : « Je n'ai jamais voulu acquitter personne. »

Leroy, qui avait changé son nom en celui de *Dix-Août*, était sourd. Il disait que cela lui permettait de prononcer plus sûrement, étant ainsi certain de n'être pas influencé.

Prieur, un peintre, condamnait facilement :

« Nous sommes dans l'usage de condammer tous ceux qu'on nous indique par une lettre à côté de leurs noms. Peu nous importe que les ex-nobles soient convaincus : ces messieurs ne sont pas bons républicains ; le seul moyen de s'en débarrasser est de les déclarer de suite convaincus. »

Quant à l'accusateur public Fouquier-Tinville, c'était un monstre. Il résume en sa personne tous les crimes, toutes les atrocités qui se commirent au tribunal.

Pour lui, il n'y avait qu'une peine, c'était la mort. Il s'inquiétait peu des preuves ; il ne lisait même pas les rapports et les papiers. A sa mort, on trouva au parquet, avec les cachets intacts, des paquets nombreux de pièces de défense qu'il n'avait même pas ouvert.

A quoi bon ! La justice du peuple doit être expéditive !

Pour son âme de tigre, condamner à mort était une jouissance.

« Dans la décade prochaine, disait-il avec un cynisme féroce au café voisin du palais de justice, j'en déculotterai de trois à quatre cents[1]. »

La pitié pour lui était un crime :

« Les deux infortunés Louvatière et Lamillière s'apitoyaient sur le sort de soixante compagnons d'infortune que l'on conduisait au supplice. Fouquier remarqua cet acte de sensibilité ; il donna l'ordre de les mettre à l'instant au cachot. Le lendemain, ils furent jugés et condamnés. »

Un témoin dépose qu'une malheureuse femme était venue le solliciter pour son époux, il lui répondit :

« Console-toi : ton mari sera guillotiné ; ton père déporté ; tu pourras faire des républicains avec qui tu voudras. »

« Fouquier-Tinville (dit Mme Roland[2]), accusateur public du tribunal révolutionnaire, connu par sa mauvaise vie, son impudence à dresser des actes d'accusation sans motifs, reçoit habituellement de l'argent des parties. Mme Rochechouart lui a payé quatre-vingt mille livres pour Mouy, l'émigré, Fouquier-Tinville a touché la somme ; Mouy a été exécuté, et Mme Rochechouart a

---

[1] *Histoire des Prisons*, t. I.
[2] *Mémoires.*

été prévenue que, si elle ouvrait la bouche, elle serait enfermée pour ne plus jamais voir le jour. »

Comme les félins, il avait le goût du sang; il aimait à voir les tortures, les angoisses de ses victimes; il les épiait du guichet et il devenait colère, furieux, quand ses victimes trompaient son attente :

« Voyez comme elles sont effrontées, » s'écria-t-il en voyant un jour Mme de Sainte-Amaranthe et Mme de Sartine, sa fille, la figure calme en ce moment fatal, « voyez comme elles sont effrontées ! il faut que j'aille les voir monter à l'échafaud, pour savoir si elles conserveront ce caractère, quand je devrais manquer mon dîner ! »

Il ne faisait même pas toujours bon d'être acquitté quand on n'avait pas l'approbation de Fouquier-Tinville.

« Fretteau, ancien conseiller du Parlement de Paris, et depuis juge du tribunal de l'arrondissement, en fit l'expérience. Lorsque Fouquier en reçut la nouvelle :
— Comment, s'écria-t-il, a-t-on pu acquitter Fretteau ? N'était-il pas noble, ex-conseiller, ci-devant constituant, fanatique ?
— Mais, lui répondit-on, il n'y avait rien contre lui.
— Il fallait lui reprocher d'avoir refusé pour

instituteur un prêtre assermenté pour lui en préférer un non-assermenté. Au reste, ajouta-t-il, nous le rattraperons, je ne le lâcherai pas, je saurai le reprendre de manière qu'il n'échappera pas. »

Les accusateurs et les juges étaient d'une ignorance crasse et, malgré l'atrocité de ces scènes, il en est quelques-unes bien amusantes. Un jour, on amène à la barre du fameux tribunal révolutionnaire le chevalier de Mollevile. On l'interroge : Parvenu à la barre de ce tribunal de sang, raconte son frère [1], et interrogé par celui des bourreaux qui le présidait sur son nom et ses qualités, il dit son nom, et ne prit d'autre qualité que celle de Maltais. « Maltais ! Maltais ! qu'est-ce que ça veut dire ? qu'est-ce que c'est que ça, Maltais ? s'écrièrent plus de cent personnes à la fois. — Ça veut dire qu'il est de Malte, répondit avec une voix de tonnerre le conducteur de mon frère. C'est une île que Malte ; est-ce que vous ne savez pas ça ? J'ai connu beaucoup de gens qui en étaient, et tous ces gens-là étaient des Maltais. — Ah ! c'est une île, dit un autre ; l'accusé est donc étranger ? — Eh ! sans doute, il est étranger, f... bête. — C'est bon, c'est bon, ne vous fâchez pas, citoyen. — A l'ordre ! à l'ordre ! président, crièrent plusieurs voix. Allons, allons, dépêchons. »

[1] Bertrand de Mollevile. *Mémoires*.

M. de Saint-Méard, prisonnier à l'Abbaye, échappé par miracle [1], raconte ainsi ce qu'il a vu au tribunal révolutionnaire lors des massacres de Septembre [2] :

« Le dimanche 2 septembre, notre guichetier servit notre dîner plus tôt que de coutume ; son air effaré, ses yeux hagards nous firent présumer queque chose de sinistre. A deux heures, il rentra, nous l'entourâmes ; il fut sourd à toutes nos questions, et après qu'il eut, contre son ordinaire, ramassé tous les couteaux que nous avions soin de placer dans nos serviettes, il fit sortir brusquement la garde-malade de l'officier suisse Reding.

« Si ce guichetier n'eût pas été instruit de ce qui allait arriver, pourquoi ces précautions ? Un officier municipal avait auparavant pris le nom des prisonniers, et c'était au milieu de la nuit que cette liste avait été faite.

« Les prisons entourées, quatre ou cinq de ces misérables, prenant le nom de juges du peuple, s'installent à côté du guichet et font comparaître les prisonniers devant eux.

« A la lueur de deux torches, j'aperçois le terrible tribunal qui va me donner la vie ou la mort. Le président, en habit gris, sabre à son côté, est appuyé debout contre une table sur laquelle on voit des papiers, une écritoire, des pipes et quelques bouteilles. Cette table est entourée par dix personnes assises ou debout, dont deux sont en veste et en tablier ; d'autres dorment étendus sur des

---

[1] Connaissant le patois provençal, il avait parlé dans ce langage à un de ses gardiens qui le prit sous sa protection et le fit acquitter devant le tribunal révolutionnaire.
[2] *Relation des massacres de septembre.*

bancs ; deux hommes en chemises teintes de sang, le sabre à la main, gardent la porte du guichet ; un vieux guichetier a la main sur les verrous. En présence du président, trois hommes tiennent un prisonnier qui paraît âgé de soixante ans.

« On me place dans un coin du guichet, mes gardiens croisent leurs sabres sur ma poitrine, en m'avertissant que si je fais le moindre mouvement pour m'évader, ils me poignarderont.

« Ces hommes qui boivent, qui fument, qui dorment au milieu des cris de leurs semblables impitoyablement égorgés, au milieu des fureurs de ceux dont la soif du sang s'accroît à mesure qu'ils en voient répandre davantage, présentent un tableau encore inconnu dans l'histoire du genre humain.

« Je ne crois pas que personne ait, avant notre Révolution, assisté à un pareil spectacle.

« Ces juges avaient une liste de tous les prisonniers avec leurs écrous, contenant les motifs de leur détention à côté de leurs noms ; les membres du comité de surveillance de la Commune, les municipaux ou autres personnes initiées dans ces affreux mystères avaient ajouté des notes plus ou moins funestes, qui indiquaient à ces juges-bourreaux la conduite qu'ils avaient à tenir. Après un court interrogatoire, *dont on se dispensait souvent, surtout lorsqu'il était question de quelques malheureux prêtres non assermentés*, les deux assassins à la garde desquels on les avait confiés, les poussaient dans la rue en criant : *A la Force !* si c'était à l'Abbaye qu'ils étaient jugés, et : *A l'Abbaye !* s'ils devaient être massacrés à la Force ; et ils tombaient au milieu des sabres, des piques, des massues qui les assommaient et les mutilaient tous à la fois de la manière la plus horrible. »

Après les officiers des Suisses, après les prêtres, après les aristocrates, il reste les condamnés de la justice ordinaire, les voleurs, les assassins, les galériens du Châtelet et de la tour Saint-Bernard, les femmes masquées, les vagabonds, les vieux mendiants et les jeunes détenus de Bicêtre et de la Salpêtrière.

« Les assassins joignent le vol au massacre ; ils emportent « tout ce qui leur paraît bon à emporter », jusqu'aux habits des morts, jusqu'aux draps et couvertures de la prison, et, de plus, ils raccolent des confrères. « Sur trente-six prisonniers mis en liberté, il y avait beaucoup d'assassins et de voleurs ; la bande des tueurs se les associa. Il y avait aussi soixante-quinze femmes, en partie détenues pour vol ; elles promirent de bien servir leurs « libérateurs » ; effectivement, plus tard, dans les clubs des Jacobins et des Cordeliers, elles seront les tricoteuses des tribunes. A la Salpêtrière, tous les souteneurs de Paris, les libertins, les sacripants de la France et de l'Europe se sont préparés d'avance à « l'opération » et le viol alterne avec le massacre. A Bicêtre, entre autres détenus, quarante-trois enfants du bas peuple, âgés de douze à dix-sept ans, étaient là placés en correction par leurs parents. La bande tombe sur eux à coups de massue. Rien de plus difficile à tuer; à cet âge la vie est tenace, il faut redoubler pour en venir à bout. « Là-bas, dans la cour, disait un des geôliers, on avait fait de leurs corps une montagne. Le lendemain, quand il a fallu les enterrer, c'était un spectacle à fendre l'âme. Il y en avait un qui avait l'air de dormir, comme un ange du bon Dieu, mais les autres étaient horriblement mutilés [1]. »

En ces jours qui précédèrent Thermidor, les exécutions redoublaient; c'était une rage de sang. On jugeait et on condamnait par fournées.

> La guillotine là-bas
> Fait toujours merveille,
> Le tranchant ne mollit pas.
> La loi frappe et veille [2].

Pour répondre au zèle des accusateurs publics et à celui des juges, un fanatique *avait voulu qu'on*

---

[1] Barthélemy Maurice, *Histoire politique et anecdotique des prisons de la Seine*.
[2] Une caricature de l'époque nous montre une guillotine entourée d'une masse de têtes rangées par classes. On y voit, étendu sur la planche fatale, un homme dont les bras sont libres. Sa main tire le cordon de la machine et le couteau tombe sur sa tête. C'est le bourreau. Il ne trouve plus personne à guillotiner et il se guillotine lui-même.
Au bas de l'image on lit :
« Admirez de Samson l'intelligence extrême !
Par le couteau fatal il a fait tout périr,
Dans cet affreux état que va-t-il devenir ?
Il se guillotine lui-même. «
(Collection du musée Carnavalet.)

fabriquât des guillotines à quatre couperets et le ci-devant abbé Morellet demandait que la guillotine devînt une *boucherie nationale* [1]. On connaît l'histoire de Toulan qui, quoique jacobin, avait voulu sauver la pauvre reine. Il fut compris dans un procès où furent réunis vingt accusés, qui étaient étrangers les uns aux autres. Quinze de ces accusés furent jugés et exécutés, non pas dans les vingt-quatre heures, comme l'ordonnait la sentence, mais, à l'heure même et au sortir de l'audience !

A ces magistrats de la Terreur, à ces justiciers, à ces magistrats de Paris, névrosés, détraqués, sanguinaires, qui ne croyaient à rien, qui n'avaient ni cœur ni entrailles, il me paraît bon d'opposer un magistrat de l'ancien régime, François de Paule d'Ormesson, premier président au Parlement depuis quelques années seulement, quand il mourut à Paris le 27 janvier 1789. Magistrat modèle, chrétien accompli, il partageait son temps entre les devoirs de sa charge et l'exercice de sa charité. Ses pieuses munificences atteignirent pendant sa trop courte présidence un chiffre de 400,000 livres.

L'évangélique noblesse de ses sentiments se trouve tout entière caractérisée par le trait suivant :

Un matin se présente à son hôtel une femme en

[1] *Mémoires* de Morellet.

haillons. Les laquais qui savent leur maître accessible aux plus pauvres gens, laissent entrer cette femme. Elle est si pénétrée de sa détresse, qu'elle va se blottir dans un coin. Le président l'entrevoit. Il va la chercher, lui offre sa main et la conduit dans son cabinet, au grand ébahissement des visiteurs qui se pressaient dans le salon.

— Pardon, messieurs, dit l'illustre magistrat, si je donne audience à cette digne femme la première. Une heure de plus est peu de chose pour vous.

Voilà une véritable personnification de la France très chrétienne d'autrefois.

Les historiens révolutionnaires ne parleront jamais de celui-là. Ils lui opposeront le justicier Fouquier-Tinville.

Aussi, après les tueries les petits commerçants, les travailleurs qui s'étaient laissés prendre aux grands mots des révolutionnaires, en ont assez et se détachent du parti. Dans l'un de ses rapports, l'observateur Dutard écrit :

« On voit à pleins yeux que la gangrène du dégoût

---

[1] Du 26 avril 1792 au 15 août 1794, il fut guillotiné, à Paris, 2,742 personnes.

Un journal, qui est communément désigné sous le nom de *Journal des Guillotinés*, publiait périodiquement « la liste générale et très exacte des noms, âges, qualités et demeures de tous les conspirateurs qui ont été condamnés à mort par le tribunal révolutionnaire établi à Paris par la loi du 17 mars 1793, pour juger tous les ennemis de la patrie. »

gagne les fruitiers, les limonadiers, les tailleurs, les cordonniers. Les *femmes de la Halle*, sauf quelques-unes *qui sont soldées* ou dont les maris sont jacobins, jurent, pestent, sacrent, maugréent. Ce matin, dit un marchand de vin, j'en avais quatre ou cinq ici ; elles ne veulent plus qu'on les appelle du nom de citoyennes ; elles disent qu'elles... *dégueulent* sur la République [1]. »

On fit une chanson, la *Carmagnole* de Fouquier-Tinville.

> Fouquier-Tinville avait promis
> De guillotiner tout Paris.
>   Mais il en a menti,
>   Car il est raccourci
>   Vive la guillotine !
>   Pour ces bourreaux
>   Vils fléaux.

> Sans acte d'accusation,
> Avec précipitation,
>   Il fit verser le sang
>   De plus d'un innocent.
>   Vive la guillotine !
>   Pour ces bourreaux
>   Vils fléaux !

Schmidt, II.

CONCLUSION

UN COUP DE BALAI

A quoi tient un pouvoir. — Après le 9 Thermidor. — Le pouvoir des Jacobins chancelle. — Une chanson d'Ange Pitou. — En sortant du café. — Sus aux Jacobins. — Les tricotteuses recevant le fouet. — La chasse aux Jacobins.

Les Jacobins avaient fait la loi à Paris pendant longtemps. C'est de leur club que partaient tous les ordres de pillages et d'assassinats. Si on était affilié à leur secte, on était de bons patriotes; sinon on était des suspects.

Et cependant, je l'ai dit, ils étaient en petit nombre, ces Jacobins qui menèrent Paris. Comme dans toutes les révolutions, la peur aidant, il suffit de quelques braillards, de quelques cyniques pour faire marcher tout le reste. Et leur pouvoir était au fond si peu de chose, qu'un coup de balai le fit crouler.

Le 9 Thermidor devait entraîner la perte d'un grand nombre de sanguinaires personnages. La société des Jacobins voyait luire ses derniers beaux jours. Elle avait perdu sa grande influence dans beaucoup de sections ; elle avait beau relever la tête, défendre avec animosité le féroce Carrier[1], ce n'était plus qu'une influence d'apparat.

Les discours incendiaires des Jacobins n'excitaient plus que des huées et de plaisants éclats de rire.

« Un jour, raconte Beaulieu, une personne de ma connaissance s'était placée à l'entrée de l'une de ces tribunes, et écoutait les déclamations d'un de leurs orateurs, dont voici l'exorde :

« Citoyens, les royalistes lèvent la tête, les aristocrates lèvent la tête, les Feuillants lèvent la tête, les fédéralistes lèvent la tête, etc., etc. » L'écouteur, prévoyant combien de têtes l'orateur avait encore à faire lever, s'impatiente, et s'adressant à la Société : « Et moi, citoyens, je lève le derrière, et je m'en vas. » Peu accoutumés à entendre impunément de telles impertinences, tous les sociétaires, tous les habitués des tribunes sont en insurrection ; des cris : « Arrêtez ! arrêtez ! » partent de toutes les parties de la salle ; mais le mauvais plaisant est au bas de l'escalier : il a gagné la rue, et déjà le pouvoir de la Société ne s'étend pas si loin. On ne saurait croire quel était l'effet de toutes ces bêtises sur l'esprit du petit peuple de Paris, l'unique espoir des Jacobins ; il faut connaître les bizarreries de ce peuple pour s'en faire une idée [2]. »

[1] Dans la préface qu'il a écrite pour un curieux livre de M. Paul Eudel, tiré à petit nombre, *Les Locutions nantaises*, Charles Monselet a raconté les souvenirs de ses grands parents, M. Carrier.

[2] Beaulieu. *Essais historiques*.

Ange Pitou, le chansonnier populaire, qui ne manquait ni de talent ni de bravoure et allait par les carrefours, en pleine Terreur, chantant ses refrains frondeurs, qu'il agrémentait de boniments en prose d'une crânerie qui ne lui a permis que par miracle d'éviter la guillotine, avait tracé d'avance ce joli portrait du peuple de Paris :

> C'est un être bien étrange
> Que le peuple de Paris ;
> Il a la douceur d'un ange,
> Aussitôt qu'il se voit pris.
> Quand on le lâche, il se venge,
> Et quand il se voit repris,
> Il se tait, il est soumis (bis).
>
> Bon, méchant, simple et volage,
> Ne fixant aucun objet ;
> Tout en sortant de sa cage
> Il court vite au trébuchet.
> Rien ne peut le rendre sage,
> Le malheur l'abasourdit,
> Et le bonheur l'éblouit (bis).
>
> Toujours franc, toujours novice
> Aveugle en sa volonté ;
> Il commande son supplice,
> Pour voir de la nouveauté.
> Ne suivant que son caprice
> Ou celui de ses bourreaux,
> Il applaudit à ses maux (bis).
>
> Tantôt il est catholique,
> Tantôt il est musulman,
> Tantôt pour la République
> Et tantôt pour un tyran.
> . . . .

> Il ne peut rien entreprendre,
> Il ne peut rien achever ;
> On sait toujours le surprendre,
> On sait toujours le tromper.
> Tout en le faisant défendre,
> On lui dit, pour le flatter,
> Qu'il est fait pour commander (bis).

Comme le pouvoir des Jacobins chancelait, que les lézardes étaient commencées, il ne fallait qu'un mouvement énergique pour renverser l'édifice entier dans la poussière. Ce furent une trentaine de personnes qui donnèrent l'impulsion. Réunies au café de Chartres, après avoir entendu plusieurs discours politiques elle se dirent en riant : « Si nous allions faire le siège des Jacobins. » Voilà la troupe joyeuse partie, armée de cannes elle sort du café en criant à tue-tête : « Aux Jacobins ! à bas les Jacobins ! à l'eau les Jacobins ! Vive la Convention ! Vive la République ! »

En entendant ces cris poussés joyeusement et énergiquement par des gens qui n'ont pas peur, les promeneurs du jardin accourent; les personnes qui buvaient dans les cafés se lèvent ; les commis et les marchands ferment leurs boutiques et tous s'arment de bâtons et se réunissent à la petite troupe. Dans la rue Saint-Honoré les passants et les boutiquiers font de même et quand on arrive à la

---

[1] Au Palais-Royal, 13 novembre 1794 (22 brumaire).

porte du club des Jacobins la petite troupe est devenue une forte colonne assiégeante.

Les Jacobins, voyant arriver tout ce monde, se dépêchent de requérir la force armés. La force armée arrive, mais entendant les cris de « Vive la République ! Vive la Convention ! » que crient les assiégants, elle reste simple spectatrice.

Le président, d'un geste solennel et emphatique comme il convient à des comédiens, se couvre du bonnet rouge en signe du danger où se trouve la patrie menacée. Le silence règne dans l'assemblée.

Mais il arrive une chose qui stupéfie les Jacobins. Le bonnet rouge du président n'en impose plus et les assiégants faisant rage ébranlent la porte à coups redoublés, cassant les croisées à coup de pierres.

La situation devient grave. Les plus braves parmi les Jacobins essaient de faire une sortie et finissent même par repousser les assaillants. On entend de vigoureux coups de canne au milieu des cris :

« A nous, muscadins ! à nous Jacobins ! » on peut dire que le sort de la France et peut être de l'Europe va se décider à cette porte.

A ce moment la scène devient amusante :

« Pendant que les Jacobins et les muscadins sont aux mains, à la principale porte de la salle, dit encore Beaulieu, les femmes connues sous la dénomination de *Trico-*

17

teuses de Robespierre cherchent à s'échapper par les portes latérales. Mais les muscadins sont encore rassemblés de ce côté-là ; ils les arrêtent dans leur fuite, et les fouettent impitoyablement. En vain, pour se soustraire à cette infamie, veulent-elles représenter qu'elles ne sont pas Jacobines, mais muscadines ; on les fouette encore davantage, en leur disant d'un ton grossier : « B..., si tu es muscadine, que faisais-tu là, au lieu de t'occuper de ton ménage et de tes enfants ? » Peu de ces femmes échappèrent à cette flétrissante correction. On fit mille contes saugrenus sur cette aventure, et particulièrement sur l'épouse d'un député nommé Crassous, qui eut le malheur de tomber sous les mains des indécents réactionnaires. Ainsi finit le pouvoir de ces terribles tricoteuses, qui, par leur audace, eurent une si grande part aux triomphes de la Révolution, et surtout à ses excès ; elles n'osèrent plus se montrer dans leur quartier, et la plupart changèrent de domicile. Quant aux Jacobins, ils furent obligés de céder, et on les repoussa dans leur salle. Sur ces entrefaites, les membres des comités qui avaient favorisé ce mouvement, mais qui ne voulaient pas qu'il finît par un massacre général, parurent à la tête de la force armée au milieu du rassemblement, qui les accueillit par les cris de : « Vive la Convention ! Vive la République ! » Ils n'en voulaient pas davantage. On leur demanda de faire sortir les Jacobins, qui, s'imaginant qu'on allait pour le moins les brûler dans leur salle, s'estimèrent, dans ce moment, fort heureux d'en être quittes pour une simple mystification. On les fit donc sortir. Lorsqu'ils parurent dans la rue Saint-Honoré, ils furent obligés de défiler au milieu du ruisseau ; les personnes du rassemblement, qui formaient une haie de chaque côté, les forcèrent de suivre cette route et d'essuyer les huées et les brocards qui partaient de tous côtés, et quelquefois même des insultes plus sérieuses.

« Voilà un membre du comité révolutionnaire de ma section ! » disait l'un, et un soufflet ou un coup de pied dans le derrière accompagnait cette apostrophe. « Voilà le chef des sbires qui sont venus m'arrêter, disait l'autre ; tiens, coquin, voilà pour toi, » et la gratification était un coup de pied ou un soufflet. « Voilà le président de la Société ! » dit un troisième ; en même temps une tape fait tomber son chapeau dans la boue et, tandis qu'il se baisse pour le ramasser, un coup de pied dans le derrière le fait redresser aussitôt. »

TABLE DES MATIÈRES

Préface par Armand Silvestre   vii

CHAPITRE PREMIER

LES MAITRES DE PARIS

La Terreur. — Par qui Paris était gouverné. — La Névrose sanguinaire. — Marat. — La fête du Bourg-Régénéré. — Danton. — Saint-Just. — Desmoulins. — La guerre à l'Europe. — Couthon. — Les sensibleries des sanguinaires. — Les madrigaux de Robespierre. — Le lapin Fréron. — Bourdon de l'Oise. — La pitié de Grégoire. — Les bêtises. — Les folies amusantes. — Les boucles de Piorry. — La vanité de Louvet. — Romme le faux bonhomme. — Le doux Lasource. — Le prophète du faubourg Saint-Antoine. — Les pâtissiers liberticides. — Sottises révolutionnaires. — La citoyenne Reine Chappuy. — Les rois de pierre dénoncés. — Le sacré cœur de Marat. — L'inhumation des citoyens. — La haine de l'Histoire. — L'égalité selon Legros. — Monsieur et citoyen. — Mayer et Hondeyer. — Le peuple hait les Jacobins. — La peur règne sur Paris. — Une assemblée de lâches que dominent des brigands. — Aussi lâche que Merlin. — Qui tremble est coupable. — Les aveux du grand Carnot. — L'héroïsme des Girondins. — Les crapauds du Marais. — La persécution religieuse. — L'observateur Dutard. — La Fête-Dieu de 1793. — Il faut des marchés républicains. — Les francs-maçons. — Les ministres serviteurs de tout le monde. — C'est un patriote.   21

CHAPITRE II

LA MISÈRE

Les accapareurs. — Les colères populaires. — La loi contre les accaparements. — La recette des émeutes. — Le manque de pain. - La chasse aux farines. — La queue chez les boulangers. — Le prix des denrées. — La vie des pauvres d'après les rapports de police. — Le Carême civique. — Paris affame Evreux. — Le comité du Salut public réquisitionne les blés de Chartres. — La famine à Paris. — On se bat pour la vie. — Les restaurateurs. — Le luxe des restaurants. — Où soupent les maîtres de Paris. — Méot. — Cypris et l'amour. — Les jurés du tribunal révolutionnaire. — Un dîner de Barère. — Les menus d'Antonelle. — Les comtes de Louvet. — Les mots de Buzot. — Un aveu de Danton. 99

CHAPITRE III

LES RUES

La topographie du vieux Paris. — Paris en 1789. — Les districts. — Les sections. — Les noms de rues du Paris monarchique. — Les rues débaptisées. — L'adresse de Palloy. — Le faubourg de la Gloire. — Les *abus religieux* du sieur Grouvelle. — L'édilité philosophique. — Un corps astucieux et vain. — Le plan du citoyen Chamouleau. — Le mot d'une vertu à la bouche. — La morale dans le cœur. — Les projets des sections. — Le citoyen poète Jult. — La rue Astruc. — Noms ridicules, barbares ou... patronymiques. — Le projet général de débaptisation. — Le rapport de Grégoire. — Paris, carte de France. — Le Paris de 1789. — Le Paris de la Terreur. — Les porte-falots. — Les fiacres. — Brigandage et vols dans les rues. — Le vol des diamants du garde-meuble. — La saleté des rues. — Les secours contre l'incendie. — L'eau à Paris.. 133

CHAPITRE IV

LA PRESSE

La presse politique. — Puissance de la presse. — La liberté

absolue. — Arrêtés et lois restrictives — Le principe de la liberté.
— L'abus à déterminer. — Les répressions jacobines. — Le
Bulletin du tribunal criminel révolutionnaire. — Les feuilles de
la révolution. — L'*Orateur du peuple*. — L'*Ami du peuple*. —
Marat et Jésus-Christ. — *Le journal des Révolutions de Paris*. —
Loustalot et son désintéressement. — Daubenton et le lion. —
Hébert et ses guillotines. — Le *Vieux Cordelier*. — Hébert sub-
ventionné. — Desmoulins et la loi des suspects. — La confusion de Malouet. — Les charités liberticides de la reine. —
Les journaux contre-révolutionnaires. — Courage de leurs rédacteurs. — Les *Actes des Apôtres*. — Robespierre poète. — Les
petits vers à Guillotin. — Grégoire protecteur des Juifs. —
Les *Consolations*. — A la façon de Biribi. — La fleur de lis
d'Orléans. — Gorsas. — Suleau. — Panache et chenapan
Qu'ont fait les députés et les galériens? — Un cardinal constitutionnel. — Lamourette chansonné. — L'arracheur de dents
national. — Orléans guéri par Guillotin. — Nicolle. — *Allons,
enfants de la Courtille!* — La *Feuille du Matin*. — Mercadier. —
Les pamphlets mènent à la guillotine. — La prière du soir des
Français libres. — Le *Petit Gautier*. — Les journaux dans la
rue 157

CHAPITRE V

LES SALONS DE PARIS

Les véritables salons de Paris sous la Terreur. — Les collèges
transformés en prison. — Le Plessis. — Le régime des prisonniers. — Écoliers septuagénaires. — La duchesse de Duras au
Plessis. — La Conciergerie. — Richard le concierge. — La souricière. — Le régime. — Les *pailleux*. — L'égalité dans la
misère. — Le voleur Barrassin. — Le Bousinier. — Les Philancloches. — Comment on attendait la guillotine. — M. de Loiserolles. — Mlle de Bois-Béranger. — L'appel du soir. — Les
chiens de la Conciergerie. — Riouffe. — Le Girondin Ducos.
— Le grenadier Gosnay. — Vers de prisonniers. — Dialogues
du Luxembourg. — Le savetier inspecteur des prisons. — La
Force. — Le petit Foucaud. — Le régime. — Sainte-Pélagie
d'après Mme Roland. — Les Madelonnettes. — Marino. — Le
sieur Dupommier et Montaigne. — Le régime du Luxembourg.
— Les amalgames. — Chaumette au Luxembourg 213

CHAPITRE VI

LES JUGES ET LES MASSACREURS

La justice révolutionnaire. — Fouquier-Tinville. — Le comité de Salut public. — Sections ambulatoires du tribunal révolutionnaire. — Dumas. — Scellier. — Coffinhal. — Foucaut. — Châtelet. — Trinchard. — Girard. — Renaudin. — Le Roy. — Dix Août. — Prieur. — La vénalité de Fouquier-Tinville. — L'ignorance des juges. — Le Maltais. — La relation du massacre à l'Abbaye, par M. de Saint-Méard. — Les guillotines à quatre couperets. — La guillotine boucherie nationale. — Un magistrat de l'ancien régime. — Les femmes de la halle adversaires de la Révolution. — Un curieux rapport de Dutard. 267

CONCLUSION

UN COUP DE BALAI

A quoi tient un pouvoir. — Après le 9 Thermidor. — Le pouvoir des Jacobins chancelle. — Une chanson d'Ange Pitou. — En sortant du café. — Sus aux Jacobins. — Les tricotteuses recevant le fouet. — La chasse aux Jacobins. 285

ÉVREUX, IMPRIMERIE DE CHARLES HÉRISSEY

EN VENTE A LA MÊME LIBRAIRIE

Georges DARIEN

BIRIBI

DISCIPLINE MILITAIRE

Dixième mille. **3 fr. 50**

Ces trois cents pages sont pour ainsi dire le martyrologe d'un homme. (*Patrie*, mars 1890.)

Ce livre rappelle les souvenirs de la maison des morts, de Dostoïewsky. (*Soir*, 11 mars 1890.)

Étude ? Non. Quelque chose de plus partial et de plus personnel qu'une étude, de plus vivant et de plus humain. Ce livre n'est qu'un cri « un de ces cris rageurs, un de ces cris affreux qui crèvent le silence des bagnes ». (*Paris*, 23 mars 1890.)

Biribi est un livre superbe, angoissant, terrifiant... une barbare et vibrante épopée qui nous révèle des sortes de supplices plus nombreux et plus effroyables que ceux qu'inventa le Dante. (*Mercure de France*, avril 1890.)

La lecture de *Biribi* vous fait froid sous la peau, vous glace d'horreur et l'on se sépare du livre avec l'impression de sortir d'un rêve effrayant, d'un cauchemar épouvantable.
(*France moderne*, 14 mai 1890.)

Biribi est un pamphlet exacerbé, avec des emphases et des déclamations à la Vallès. Ce que le vigoureux écrivain des *Réfractaires* a fait pour la chiourme de l'Université, M. Georges Darien l'a tenté pour les bohèmes de l'armée... Voilà un livre dans le goût du jour et qui aura certainement du succès... Il n'en faut pas plus pour tirer à vingt mille !
(*Echo de Paris*, 8 avril 1890.)

La plaie est étalée toute vive. M. de Freycinet, assisté par M. Millerand, a promis de la guérir. (*Eclair*, 26 mars 1890.)

C'est après avoir lu le remarquable roman de M. Georges Darien, intitulé *Biribi*, que nous nous rendîmes auprès du ministre de la guerre, pour attirer son attention sur les abus scandaleux qui y étaient dénoncés.

Les critiques les plus vives et, on a le droit de le dire, les plus justifiées, avaient été dirigées contre le traitement qui allait en certains cas jusqu'à la cruauté, infligé aux disciplinaires punis. Le décret qui vient de paraître constitue un progrès réel sur la situation actuelle.
(A. MILLERAND, *XIXe Siècle*, 11 juillet 1890.)

A LA MÊME LIBRAIRIE

A. HAMON et G. BACHOT
L'AGONIE D'UNE SOCIÉTÉ
2ᵉ édition. — Un vol. in-18 jésus, br., **3 fr. 50**

Les auteurs visent à démontrer que la société actuelle « composée de classes dirigeantes affamées de lucres, asservies à la haute finance juive » est une société mal organisée, agonisante et qui doit bientôt périr. (*Journal des Débats.*)

Ce n'est pas qu'il n'y ait un fonds de vérité dans beaucoup de pages du livre de MM. Hamon et Bachot.
(Henry MARET. *Le Radical.*)

L'*Agonie d'une Société* est l'exposition de théories violentes que je ne partage pas, mais que j'excuse en raison des coups de trique que les auteurs administrent à la haute banque juive. (A. DE JASSAUD. *L'Autorité.*)

C'est une œuvre surtout documentaire, c'est un livre parfaitement utile. (*L'Intransigeant.*)

Dans leur œuvre, MM. Hamon et Bachot ne prouvent pas toujours et ne concluent pas du tout. (La *Réforme* de Bruxelles.)

Malgré ses lacunes et en tenant compte du pessimisme des auteurs, le livre est instructif.
(*Etudes philosophiques et religieuses.*)

Ce tableau est animé, terrible, navrant, et il est bien fait pour vulgariser la conclusion révolutionnaire par laquelle les auteurs n'ont pas hésité à clôturer leur œuvre. (*L'Egalité.*)

Cette œuvre mérite d'être louée.
(F. von BERVAL-LAMOTHE. *Deutsches Volksblatt* de Vienne.)

Les documents ne manquent pas dans ce réquisitoire développé avec l'accent de la conviction la plus sincère.
(*Samedi-Revue.*)

Dans un style brillant, avec une solide argumentation, les auteurs montrent les maux qui rongent la société moderne.
(*El Liberal* de Madrid.)

Il est certain qu'on dévore ces pages avec un plaisir infini.
(*L'Observateur français.*)

C'est une œuvre délicate que seules des âmes fières pouvaient mener à bonne fin. (*L'Etendard* de Montréal.)

Ce livre est poignant et laconique comme un journal d'interne d'hôpital. Pas de phrases : des faits, des notes. (*L'Initiation.*)

Les auteurs ont mis beaucoup de soin à recueillir les documents et à les grouper. (*L'Univers. — Revue littéraire.*)

A LA MÊME LIBRAIRIE

François de Nion
L'USURE
1 VOL. IN-18 JÉSUS, BROCHÉ, 3 FR. 50

L'*Usure*, une étude de la vie moderne, pleine de saveur et de puissance. *Nouvelle Revue*, 15 juin 1888.

L'*Usure* raconte, sous forme de roman, la déchéance morale d'un jeune homme tombé aux mains des Juifs. Nous sommes heureux de signaler cette œuvre de début d'un écrivain possédant de très réelles qualités littéraires: de l'observation, de la sincérité et un rare talent de description. (*Samedi-Revue*, 30 juin 1888.)

Un bon roman : L'*Usure*. Une étude d'usurier a toujours quelque chose d'ingrat, de pénible ; l'argent communique à tout ce qu'il touche sa sécheresse. Comment n'avons-nous point ressenti cette impression fâcheuse à la lecture de ce roman, l'un des meilleurs qui aient été publiés cette année? C'est le secret de l'écrivain. La phrase est claire, l'expression heureuse, l'adjectif rare, et l'esprit ainsi conquis se plaît à suivre l'auteur dans sa description d'un milieu exact.

Son type principal d'usurier, en ne frappant que les fils de famille souvent trahis par la veine au baccarat, met le nom au-dessous du pseudonyme : « Je te connais Gobseck » et ils nomment...

La fable n'est pas compliquée : un gentilhomme panier percé, joueur malheureux : l'usurier et sa fille qui aime le gentilhomme. Voilà tout et c'est assez pour que l'intérêt ne faiblisse point d'une seule page.

Pour la maîtrise avec laquelle est rendue la torture épouvantable du malheureux tombé aux mains du marchand d'argent, nous voudrions que ce livre fût le livre de chevet des étourdis et les naïfs capables, pour se procurer une fortune illusoire et ridicule, de livrer plus qu'un morceau de leur chair à Shylok le prêteur. (*Paris*.)

L'histoire d'un gentilhomme campagnard, venu à Paris pour s'amuser et qui, pressé par un besoin d'argent, a recours aux usuriers juifs.

Un roman, ébauché dans le repaire d'un de ces bandits, donne de l'intérêt aux opérations des hommes de proie. (*Estafette*, 3 juillet.)

Ce n'est pas seulement, comme on pourrait le croire d'après son titre, une étude sur les tripotages de la coulisse, et les bas-fonds de la finance que le volume *l'Usure* ; c'est un roman d'observation, de passion et d'intrigue, d'une lecture fort attachante.

Les caractères sont étudiés avec soin, scrutés et analysés à fond, et l'histoire est contée avec beaucoup de naturel et de verve. (*Radical*, 9 août).

EN VENTE A LA MÊME LIBRAIRIE

L'AGIOTAGE
SOUS LA TROISIÈME RÉPUBLIQUE
Par Auguste CHIRAC

5ᵉ édition. — *Deux volumes in-18*, **7 francs.**

L'auteur se propose de faire, à grand renfort d'anecdotes scandaleuses et de noms propres, l'histoire de tous les tripotages financiers qui ont, depuis dix-huit ans, mis à sec l'épargne publique et fait le vide dans les caisses de l'État. Il suffit d'un mot pour définir le caractère de cette compilation : c'est pour la France financière le pendant de la *France juive*, de M. E. Drumont. (*Journal des Débats.*)

Un pamphlet sanglant, mais aussi un ouvrage documentaire intéressant et instructif. (*Indépendance Belge.*)

Deux volumes dont on peut dire qu'ils sont redoutables. (*Gazette de France.*)

Le livre montre, dans une argumentation serrée et inflexible, jusqu'à quel cynisme imprévoyant peuvent aller des classes dirigeantes improvisées et sans éducation préalable. Il révèle la situation intolérable faite aux *petits* par la coterie juive qui draine le capital national, sans le moindre souci des intérêts des travailleurs... Je ne puis d'ailleurs ni ne veux analyser ici ces deux volumes, bondés de faits et saisissants d'actualité douloureuse. (*Observateur Français.*)

Pamphlet en deux gros volumes, où sont impitoyablement étalés, chiffres en main, les tripotages financiers qui ont scandalisé, depuis dix-huit ans, la morale publique. (*Nouvelle Revue.*)

La grande volerie agioteuse s'étant perpétuée et même extensifiée sous la troisième République, Toussenel et Duchêne devaient avoir des continuateurs et les ont eus en la personne d'Auguste Chirac et d'Édouard Drumont. Du moment où les agissements des monopoleurs et des accapareurs financiers constituent un véritable danger public et se traduisent en spoliations mongoliques, nous avons voulu appeler l'attention du public démocratique sur ces livres vengeurs. (*L'Homme Libre.*)

Dans aucune œuvre contemporaine n'ont été dévoilés, analysés, catalogués, expliqués, flétris avec cette science certaine et cette maestria justicière, les tripotages financiers et les intrigues politiques de la bande rapace et malfaisante des tripoteurs. (*Intransigeant.*)

MÊME LIBRAIRIE

Envoi **franco** contre mandat ou timbres-poste

GEORGES ABONNEAU
Cadet, de la Rousselle, 2e édition. 3 50
PAUL ADAM
En décor, 2e édition.............. 3 50
***
L'Armée française et son Budget
en 1890, 2e édition............. 3 50
J. BARBEY D'AUREVILLY
Polémiques d'hier, 2e édition... 3 50
Les 40 médaillons de l'Académie. 2 »
EL. BARRETT BROWNING
Aurora Leigh, trad. franç., 2e édit. 3 50
RAOUL BERGOT
L'Algérie telle qu'elle est, 2e édit. 3 50
PAUL BONHOMME
L'Affaire de Jeufosse, 2e édition.. 3 50
GEORGE BONNAMOUR
Fanny Bora, 2e édition......... 3 50
FRANÇOIS BOURNAND
Le Clergé sous la 3e République. 3 50
CHARLES BUET
J. Barbey d'Aurevilly, sa vie et
son œuvre, 2e édition......... 3 50
AUGUSTE CALLET
Les Origines de la 3e République. 3 50
Dr A. CORRE
Nos Créoles, 2e édition.......... 3 50
PIERRE DE CORVIN (NEVSKY)
Histoire du Théâtre en Russie, 3e éd. 3 50
GEORGES DARIEN
Bas les Cœurs! 1870-1871, 2e édit. 3 50
Biribi, discipline militaire, 5e édit. 3 50
CHARLES DELACOUR
L'Armée française (1870-1890), 2e éd 3 50
LÉON DELBOS
Les 2 Rivales (Angleterre et France). 3 50
HENRI DESPORTES
Le Mystère du sang chez les Juifs
de tous les temps, 3e édition.... 3 50
ABEL D'ORS
La Femme aux nymphéas, 2e édit. 3 50
FIDUS (Journal de)
I. Paris assiégé, 1870, 2e édition... 3 50
II. Capitulation, Commune 1871 (2e) 3 50
III. L'Essai loyal (1871-75) 2e édit. 3 50
IV. Le Prince Impérial, 2e édition. 3 50
GUY-VALVOR
Sadi, 2e édition................. 3 50
A. HAMON et GEORGES BACHOT
L'Agonie d'une Société, 2e édition. 3 50
G. LAFARGUE-DECAZES
ISRAEL.— S. E. le Citoyen Vénal, 2e éd. 3 50
J. LAMOUROUX
Un An d'exil, 3e mille............ 3 50
PASCAL LAUROY
Metz et le jou prussien, 2e édition 3 50
JACQUES LE LORRAIN
Le Rousset, 2e édition 3 50
NICOLAS LENAU
Poèmes et Poésies, 2e édition.... 3 50
HENRI LE VERDIER
Un Modèle vivant, 2e édition.... 3 50
FRÉDÉRIC LOLIÉE
Les Immoraux, 2e édition....... 3 50
JEAN LOMBARD
L'Agonie (Rome IIIe siècle), 2e édition 3 50
Byzance (VIIIe siècle), 2e édition.. 3 50

MARCEL LUGUET
Élève-Martyr, 2e édition 3 50
En guise d'amant, 2e édit......... 3 50
JOSEPH MAIRE
Les Topasines, 2e édition......... 3 50
MARC MARIO et LOUIS LAUNAY
Vidocq, le roi des voleurs, 2e édit.. 3 50
Vidocq, le roi des amoureux, 2e édit. 3 50
CHRISTOPHE MARLOWE
Théâtre, 2e édition, 2 vol......... 7 »
Couronné par l'Académie française
J.-H. MENOS
Lettres de Benjamin Constant, 2e éd. 5 »
ERNEST MERSON
Confessions d'un Journaliste, 2e éd. 3 50
GASTON MERY
L'École où l'on s'amuse, 2e édition 3 50
EUGÈNE MOREL
Petits Français, 2e édition........ 50
PAUL MOUGEOLLE
Le règne des vieux, 2e édition.... 3 50
FÉLIX NARJOUX
Francesco Crispi, 2e édition...... 3 50
L. NEMOURS GODRÉ
Les Cyniques, 2e édition.. ...... 3 50
O'Connell, 2e édition............. 3 50
J. PÈNE-SIEFERT
Flottes Rivales, 2e édition........ 3 50
Marine en danger, 3e édition...... 3 50
A.-F. PISEMSKY
Théâtre, 2e édition... .... 3 50
PAUL PONSOLLI
Le Tombeau des Milliards : Pana-
ma, 3e mille.................. 3 50
HONORÉ PONTOIS
Les odeurs de Tunis, 5e édition... 3 50
ARTHUR POUGIN
L'Opéra-Comique pendant la Ré-
volution, 2e édition............ 3 50
THOMAS DE QUINCEY
Confessions d'un Mangeur d'opium. 3 50
FÉLIX RABBE
Les maîtresses authentiques de
Lord Byron, 2e édition. 3 50
Shelley, sa vie et ses œuvres, 2e édit. 4 »
REMY DE GOURMONT
Sixtine, 2e édition 3 50
AUGUSTE ROHLING
Le Juif selon le Talmud, 2e édition 3 50
ELZEAR ROUGIER
Naufrage d'Amour, 2e édition..... 3 50
ALBERT SAVINE
Mes Procès, 2e édition 3 50
VLADIMIR SOLOVIEV
La Russie & l'Église universelle. 3 50
LÉO TAXIL
La Ménagerie politique, illust., 3e éd. 3 50
LÉO TAXIL et PAUL VERDUN
Les Assassinats Maçonniques, 4e éd. 3 50
SIR RICHARD TEMPLE
L'Inde britannique, 2e édition..... 5 »
***
La Triple alliance de demain, 2e éd. 3 50
FERNAND XAU et Me ALEXANDRE
La Question des Huissiers, 2e éd. 3 50

Paris — Imp. de G. BALITOUT et Cie, 7 rue Baillif.

www.ingramcontent.com/pod-product-compliance
Lightning Source LLC
Chambersburg PA
CBHW071417150426
43191CB00008B/945